源田壮亮

メッセージBOOK

―出会い力―

源田壮亮著

廣済堂出版

Lions

SEIBU
SOGO

GENDA
6

Majestic

Lions

WE ARE ONE
WE ARE ONE

LIONS BASEBALL

33

SAITAMA SEIBU
LIONS BASEBALL

Lions
SEIBU SOGO

Lions

Lions

Lions

Majestic
52

MORIWAKI
HONDA
45

SOSUKE GENDA MESSAGE BOOK

源田壮亮

メッセージBOOK

―出会い力―

まえがき

僕が「プロ野球」と出会ったのは6歳のときでした。

２０００年2月12日。場所は宮崎県総合運動公園内にある第二硬式野球場。永久欠番になっていた背番号「３」を現役引退セレモニー以来、26年ぶりに背負うことになった「ミスター・プロ野球」である読売ジャイアンツの長嶋茂雄監督が、キャンプ地でその背番号を初めて披露した日、僕はその場にいました。たまたまとはいえ、野球史に残る名シーンに立ち会うことができました。

それから18年。その長嶋さんの持つ新人開幕連続フルイニング出場の記録を抜くことになるなんて、そのときはもちろん、埼玉西武ライオンズに入ってからも夢にも思いませんでした。

小学2年生のときにソフトボールを始めて以来、本気でプロ野球選手を目標にしたのは社会人野球のトヨタ自動車に入ってから。それまでは、純粋に野球が楽しくて続けていたというのが正直なところでした。高校時代には、卒業したら父親と同じ会社に就職して普通に働こうと考えていた時期もありました。

そんな僕が今、ライオンズの一員としてプロ野球の舞台でプレーし、その歴史に名前を残す記録まで作ることができた。これは自分の力だけでは決して手にすることができなかった夢のような現実です。大事なとき、節目《ふしめ》のタイミングで指導者の方々やチームメイトに助けてもらえていなかったら、違う人生を歩いていたと思います。

今回、この本を刊行するお話をいただいてから、自分のこれまでの道のりを振り返ってみました。

実感したのは、「本当に人に恵まれてきた」ということ。数多くのかけがえのない出会いによって導かれた成長や成功を再認識しました。

出会いによって生み出される力、言わば「出会い力《りょく》」こそ、今の僕に至るまでに絶対に欠かせないものでした。これまで携《たずさ》わっていただいた方々に感謝しながら、半生を綴《つづ》っていこうと思います。

源田壮亮

目次

Contents

第3章　もう1つの足跡　63

第4章　壮亮の源《みなもと》　97

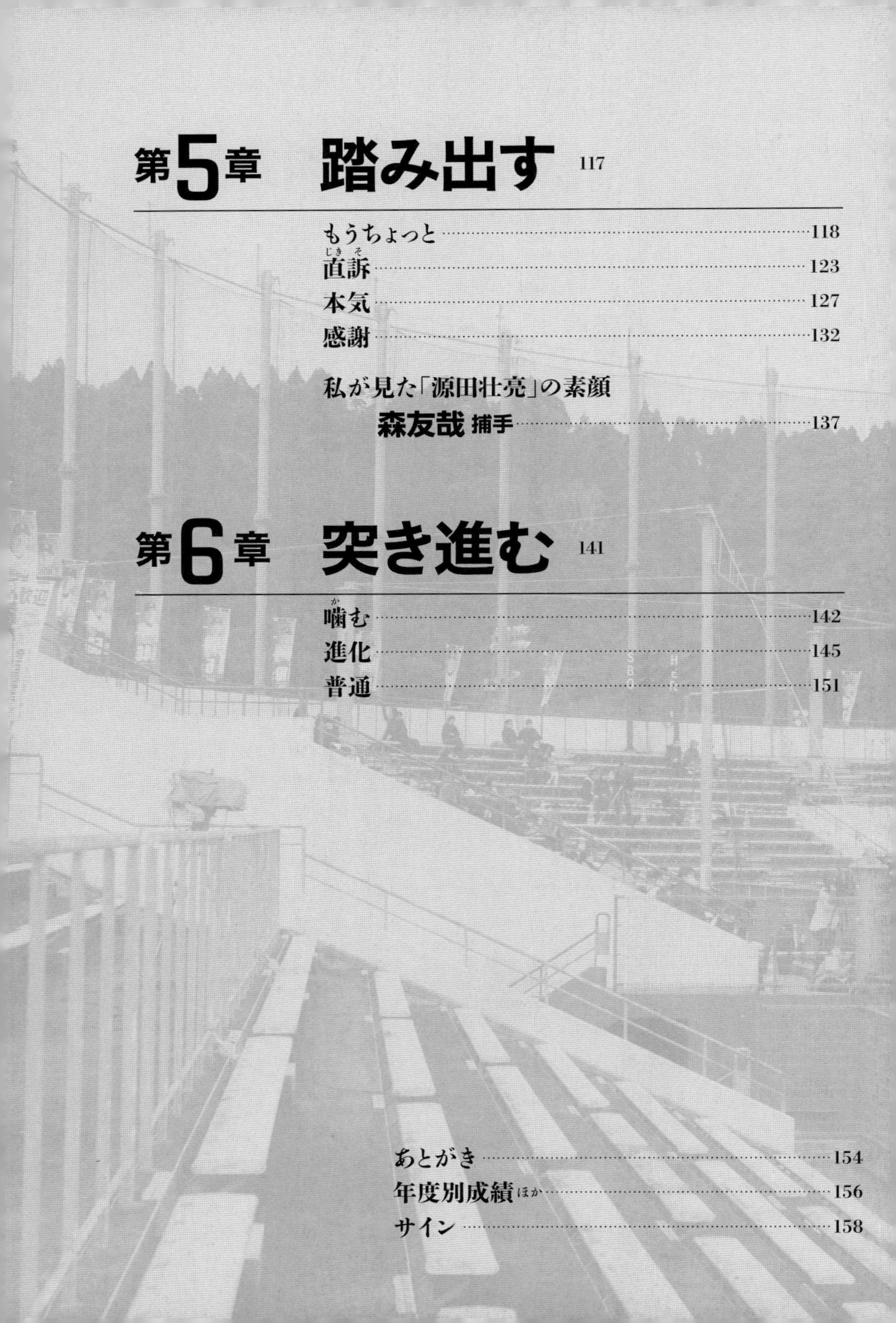

第5章　踏み出す　117

第6章　突き進む　141

第1章

出会い

スーパースター

最初に憧《あこが》れをいだいたプロ野球選手はイチローさん（元シアトル・マリナーズなど）でした。物心がついたときには、すでにスーパースターで、打つ、走る、守る、すべてがすごい。その中でも、やっぱり誰よりもヒットを量産するバッティングに胸を躍らせていました。僕がソフトボールを始めたのは小学2年生のときなのですが、その翌年の2001年には海を渡ってメジャーリーグに挑戦したイチローさん。向こうでも首位打者を獲得するなど、その輝きはどんどんまぶしいものになっていきました。振り子打法をマネし、バッティンググローブもイチローさんモデルにしましたし、試合の打席でもピッチャーの投球前にバットを右手1本で持って立てるポーズを、たまにやったりもしました。部屋に貼《は》っていたポスターや下敷きなどもイチローさん。

最も目に焼きついているシーンは、09年の第2回のWBC（ワールド・ベースボール・クラシック）。覚えている人も多いと思いますが、韓国との決勝戦の延長10回、決勝打となる2点タイムリーヒット。この大会でのイチローさんは本来のようにはヒットが出ず、とくにアメリカに行ってからの第2ラウンドと準決勝の5試合では打率1割6分7厘。いろいろな重圧もある中、最後は決めてくれた。テレビで見ていて、「やべぇ〜」「かっけぇな」と、興奮を抑えられませんでした。

現役最後となった、19年3月21日の東京ドームでのオークランド・アスレティックス戦も、テレビ中継で見ました。この試合は埼玉西武ライオンズからマリナーズに移籍された（菊池）雄星さんのデビュー戦ということもあって、ワクワクしていたのですが、まさか、イチローさんのラストゲームにもなるとは思ってもみませんでした。引退は、やっぱり寂《さび》しいですね。

ですが、イチローさんは子どもだった僕に大きな夢をいだかせてくれました。04年には262本のヒットを放って、メジャーの年間最多安打記録を更新。その翌年3月に大分市立明野《あけの》西小学校を卒業した僕は、卒業文集の「将来の夢」の欄に日本のプロ野球選手を飛び越えて、〈メジャーに行って、イチローさんみたいになりたい〉と綴《つづ》りました。今、考えると小学生でなにもわかっていなかったとはいえ、なんて大それたことを書いているんだろうと恥ずかしくなります。それも汚い字で(笑)。でも、それくらい影響を与えてくれる選手が子どものときにいてくれたというのは、とても幸運なことだったと思います。

そもそも2年生でソフトボールを始めたときも、自分の意志ではなかったくらいですからね。幼稚園のころから好きだったスポーツは、野球ではなく、サッカー。僕が通っていた「ルナ幼稚園」に、Jリーグの大分トリニータの選手が定期的に教えに来てくれていたのも関係していると思います。誰が有名な選手とかすらわかっていませんでしたが、とても楽しくて、漠然《ばくぜん》とサッカーをやりたいなと思っていました。ただ、きっかけがなかったので、サッカーのチームに入ることはありませんでした。

そんな僕を野球に導いたのは父でした。僕が野球をやりたくなるようにと考えたのか、ソフトボールを始める前から家のテレビにはいつも野球中継が流れていましたし、読売ジャイアンツの春季宮崎キャンプにも連れていってくれました。ですが、どんな選手がいるのかも知らない。練習を見てもよくわからない。僕が楽しんでやっていたことは、誰かわからなくても選手を見つけたらサインをもらいに走ること。

それで、書いてもらえたら喜んでいる。福岡ダイエー（現福岡ソフトバンク）ホークスのキャンプに行ったこともあるのですが、そこでも同じでしたね。だから書いていただいた選手の方にはものすごく申し訳ないのですが、サインをもらうだけで満足してしまい、大事に飾って何度も眺《なが》めるというようなことはありませんでした。

ソフトボールのチームに入って野球を好きになるまでは、野球とは関係ないことばかり覚えています。00年の長嶋さんがウインドブレーカーを脱いでユニフォームの背番号3をお披露目したときもそう。まだ小学1年生だったということもありますが、そのときの記憶に残っているのは長嶋さんの一挙手一投足《いっきょしゅいっとうそく》ではなく、「人が多かったな～」ということ。それと、多くのファンが巨人の選手が出入りするところでサインをもらったり姿を見ようとしたりしているとき、選手が乗り込んでいっているバスに1人のおばさんがなにか言いながら近寄っていくと思ったら、中にまで入っていったこと。絶対にやってはいけないことですけど、プロ野球ってファンをそこまで熱狂させるんだなって。それは強い印象として残っています。

でも、僕が野球の楽しさ、魅力に気づくのには時間はかかりませんでした。

地元のソフトボールチームの「明野西少年ソフトボール部」に兄と一緒に父に無理やり入らされたのですが、やってみると、すごく楽しかった。野球ではなくソフトボールだったのは、単に野球チームがなかったため。軟式の少年野球チームも、硬式のリトルリーグのチームも、僕の住んでいた地区にはなくて、あったのはソフトボールのチームが8つくらい。そのうちの地元チームに入るのが自然な流れでした。小学校の仲の良い友だちもたくさんそのチームに入っていて、遊びの延長みたいな感覚もあり、すぐにのめり込んでいきました。

そして、スーパースターのイチローさんの存在が、その勢いを加速させてくれて、野球がなくてはならないものになっていきました。

FP

チームに入って初めて守ったポジションはライトで、3年生くらいになると、センターを守らせてもらうようになりました。低学年のころの記憶はあまりないのですが、鮮明に覚えていることが2つあります。

1つは試合中、おなかが痛くなって守備が終わったところでトイレに向かい、戻ってきたら交代させられていたこと。トイレに行っているあいだに僕の打順が回ってきてしまい、代打が出されていました。泣いたりはしなかったのですが、なにが起きたんだろうって(笑)。

もう1つは、試合で守備についているとき、プレーをして靴の紐《ひも》がほどけるたびにタイムがかかって、母に結び直してもらっていたこと。まだ自分で結べなかったんですよね。父も僕が入るのと同時にチームのコーチになってくれたので、その場にいて、2人は審判の方に、「靴紐の結び方くらい教えておいてください」と注意されてしまった。それがきっかけで靴紐を結べるように練習したんですが、なぜか、そのときのことも忘れないでいるんですよね。

自分がうまかったのかどうかというのはわからないのですが、入ってからずっと試合に出してもらっていました。ただ、3年生くらいまでは守るだけでの出場が多かった。ソフトボールには「FP(Flex Player)」といって、試合によっては、1人だけ守備専門の選手が出ることができるんです。試合に出て守備にはつくんですが、打席には立たない。その分、逆に「DP（Desinted Player）」といって、守らないけど打つだけの人もいる。たくさんの子を試合に出られるようにするためなのか、理由を聞いたことはないのですが、そういう独自ルールがあるんです。もちろん、打ちたいなとは思いましたが、高学年に打つのが得意な人がいましたし、試合に出られるだけで楽しかったですからね。

もちろん、そのときはなにも考えていなかったんですけど、その後、与えてもらった役割に対して一生懸命取り組むことの大切さを高校で学ぶことになるので、その予習だったのかな。

ショートとの出会い

4年生になると、ショートのレギュラーとして試合に出るようになりました。とくにやりたいという気持ちがあったわけではなかったんですが、ショートに入るように言われてプレーしてみると、外野よりもボールにさわる機会が多いですし、「楽しい！」しかなかったです。5年生になるとピッチャーもやらせてもらうようになって、そっちも面白かったんですけど、以来、ずっと続けることになるショートとの出会いは、とても楽しいものでした。

打つほうは、おもに1番バッター。足は速かったので、盗塁もよく決めていました。ソフトボールは野球よりも塁間距離が短いため、ピッチャーの手からボールが離れるまでベースから離れてはいけないのですが、成功率は高かったと思います。バッティングは、セーフティーバントばかりして出塁(笑)。小学生用のソフトボールグラウンドの塁間距離は16・76メートル。セーフティーバントのほうが塁に出る確率が高いと考え、自分なりに長所を生かしてやっていました。

活動は水曜、土曜、日曜の週3日。練習も厳しくはなく、楽しくやろうというチームでした。僕は別の曜日にスイミングスクールに通っていましたが、それ以外の日や時間があいているときは、父に付き合ってもらって練習をしていました。僕がやりたいとお願いすれば、仕事から帰ってきて疲れていても練習を手伝ってくれたり、バッティングセンターに行きたいと言えば、連れていってくれたりしていました。ことわられたことはなかったです。その分、父に「走りに行ってこい」「素振《すぶ》りしてこい」と言われれば、素直にやっていました。ぼちぼちですが、頑張っていましたね。

その甲斐《かい》があったのかはわかりませんが、チームは一度、九州大会で優勝したこともあります。ただし、それは大分県内を勝ち抜いて出場したわけではありませんでした。県予選で優勝したチームが全国大会に出場して、2位は九州大会に進出する。ほかの都道府県はわかりませんが、僕の子どものころの大分はそういう仕組みでした。とにかく、その優勝したチームが強かったですね。県予選は絶対にそこが優勝する。僕らのチームはずっと勝つことができませんでした。

でも、6年生のとき、補強選手として、そのチームに呼ばれて全国大会の舞台に立ちました。社会人野球の「都市対抗野球大会」で採用されている「補強選手制度」と同じシステムがあったんです。2回戦で敗退しましたが、ショートで出してもらって、初めての全国大会を経験することができました。

クセ

大分市立明野中学校に上がると、硬式野球の「明野ビッグボーイズ」（現大分明野ボーイズ）に入りました。ソフトボールから野球、しかも硬式への変更。最初は難しかったですね。バッティングで言うと、ソフトボールは下からボールが来るので、上から打つクセがついていました。そこを直すのには、ちょっと苦労しましたかね。それと走塁では、先ほども触れましたがソフトボールはリードをとれないので、そのとり方もわからなかった。でも、ソフトボールをやっていて良かったこともあって、野球より塁間が短いので、守備では打球を捕ってから素早く送球する良いクセが身についていたんです。その後の野球人生で守備を評価してもらうことが多くなるので、これは大きかったと思います。

チームはまだできたばかりで、僕は2期生。先輩は1学年上の人たちしかいなかったわけですが、その1期生は25人以上いました。そんな中でも、僕は早くから試合に使ってもらえました。ポジションはショート。このころからプロ野球をテレビで見るときは、同じショートの選手にとくに目が行くようになりました。球場に観戦に行くとしたらホークス戦でしたが、どこのチームのファンというのはずっとなくて、いろいろなチームのうまい選手を見ていました。そんな中でも好きだったのがライオンズの松井稼頭央《かずお》さん（現埼玉西武二軍監督）。華《はな》がありました。「すごいなぁ、ああいうふうになりたいなぁ」と思って、ジャンピングスローをマネしたりしましたね。今は自分がそういうタイプじゃないとわかっているのですが、当時は派手なプレーに憧れて、やってみることも少なくなかったです。

打順は1番か2番でしたが、多かったのは2番のほうですかね。今でもそうですが、何番を打ちたいとか、何番はいやだなというのは考えたことがありません。その打順でやれることをやるだけです。もちろん、今、「明日から4番」と言われたらヤバいですけどね（笑）。

明野ビッグボーイズも「のびのび系」のチームで、練習は基本的に週に3日。それほど厳しくはなかったです。ただし、冬場は練習日が増え、しかも、走ることとトレーニングだけで、ボールを使った練習はなし。これはキツかったですね。でも、楽しかった。本当に野球が楽しくて楽しくて仕方がなかったので、キツい練習も苦にはならなかったです。

この時期も自分から積極的にというわけではなく、父に促《うなが》されながらでしたけど、家でもバットを振っていました。30分くらい走ってから、素振りをする。バットを振り続けたあと、少し休んでいるときにフッと上を見上げると、父が家の中から見ている。「オオッ」と思って、また振り出したりしていましたね(笑)。

僕らもそれなりには強かったと思うのですが、同じ中九州支部には、なかなか勝たせてもらえないチームがありました。「宇佐ボーイズ」というチームで、みんな体が大きくて、オーラもあって、うまい選手が揃《そろ》っていました。こちらにプレッシャーをかけてくるような雰囲気もあったりして、めちゃくちゃ強かった。その後、高校に行ってからも活躍している選手が多かったですね。

それでも一度だけ、宇佐ボーイズに勝利しました。3年生のときで、それは僕らボーイズリーグだけでなく、各硬式野球リーグの九州・山口地区の代表32チームが集《つど》う「2007ホークスカップ 中学硬式野球大会」への出場をかけた予選でもありました。勝ったことでホークスカップに出られたのはうれしかったですね。

そのホークスカップでの成績はというと、1回戦は、鹿児島コンドルに4対3で接戦をものにしました。もう覚えていないのですが、僕自身も三塁打を打った記録が残っています。2回戦は、宮崎の延陵《えんりょう》ボーイズと対戦。最終回に4点を取って追い上げたものの、1点届かず、6対7の惜敗。力の差を感じたわけではなかったですし、勝ちたかったです。それというのも、決勝戦は福岡Ｙａｈｏｏ！ＪＡＰＡＮドーム（現福岡ヤフオク！ドーム）での試合だったからです。プロ野球の観戦に訪れたこともある大きな球場でプレーしてみたかったのですが、叶《かな》えることはできませんでした。でも、みんなでドームに隣接する豪華なシーホークホテル福岡（現ヒルトン福岡シーホーク）に泊《と》まれたことはいい思い出です。

C O L U M N

私が見た「源田壮亮」の素顔

SHOGO AKIYAMA

秋山翔吾外野手

「みんながゲンをリーダーとして、その背中を見るようになる」

最初は寡黙《かもく》で、職人肌みたいな感じかなと思っていたんですけど、ふざけるときは思いきりふざけられる。そういうところは意外でした。でも、それがゲンの強みで、いい意味での多面性というか、相手や空気を見ながら使い分けられている。本来であれば誰だって苦手とか、合わない選手が多少なりともいるものなんですけど、ゲンは分け隔《へだ》てなく、いろいろな人といろいろなコミュニケーションをとれるので、チームに馴染《なじ》むのも早かったですね。

選手としてもすぐプロに対応したのはすごいと思います。1年目（2017年）、打順が最初は9番から入って、5試合目から2番に定着。プロのピッチャーの球にそこまで慣れていないうえに、様々なピッチャーとの対戦がまだ少ない中、浅村（栄斗《ひでと》）や山川（穂高《ほたか》）につないでいく打順で、たぶん難しいところもあったと思うんです。例えば無死一、二塁で打っていくケース。まわりから見ればチャンスですが、ゲッツーになってはいけない、最低限なにをしなければいけないかというのを考えられる選手だからこそ悩み、苦しみがあったと思う。でも、まだ1、2年目ならそこまで考えてなくてもいいのにというくらい、きっちりランナーを進めてくれたり、ここは思いきっていいところとか、状況判断が体に染《し》みついている感じ。チームやほかの選手など、いろいろなことに目を向けられる。だから、ベンチは1年目でも信用して任せているというのがあったと思う。ゲンが入ってチームが変わったのは間違いないです。今のチームでいなくなったら困るのは、エースピッチャーとかではなく、ゲンなんです。いないとチームバランスが崩《くず》れるのがわかっているので。ただ、求められるもの全部にこたえようとするのは苦しい。だから、最低限のラインを下げて考えるという話をしたことがありました。進塁打を打とうとして変に引っ張りに行かなくても、三遊間の深いところに打ってセカンドフォースアウトでも自分が一塁に残るようなバッティングであれば、ゲンの足ならもう1回相手にプレッシャーをかけられる。そんなに苦しく考えなくていいよ、と。

それと1年目、ゲンは対左ピッチャーの打率が3割2分4厘と、すごく良かった。だから、前の打順である1番の僕の打席が得点圏で回ると、次のゲンとの対戦をいやがって勝負してくれることが多かったんです。そうすると、歩かせてもいいというピッチングができないので、ストライクゾーンに投げてくることが多くなる。甘いところにも来やすくなって打てる確率が上がる。この17年シーズン、僕は首位打者を獲《と》れたのですが、ゲンに助けられたなと思いました。

若い女性ファンも多いですし、人気は今、ゲンがいちばんじゃないですかね。年齢が若くて独身ということもあるでしょうけど、チームに欠かせない存在ですし、堅実にやってくれるプレースタイル、ひたむきさとかも感じるから応援したくなるんだと思います。うちの子どもたちもゲンのことが大好きなんです。18年オフのV旅行でハワイに行ったときも、遊んでくれたり、面倒を見てくれたりもしました。一緒にいると、子どもたちは僕よりもゲンと手をつないで歩いている時間が多かったくらいです(笑)。

人として隙《すき》がないですし、だからこそ説得力もある。ゲンはプロでまだ2年目だった18年の時点で、すでに誰にでもはっきりものを言っていた。しかも、だいぶ辛口《からくち》。僕もセンターからの送球がちょっと乱れたりすると、「もう少しこうしてください」と言われますからね。でも、それを言えるからいいなと思います。こっちも言われてしっかりやらないといけないなと思える。僕の立場としては、キャプテンだからとか、チームの中で年齢が上のほうになったからなにも受け付けないではしょうがないですから、すごくありがたい。

まわりのメンバーもファンの方も、今後のゲンに、だんだんと内野のリーダーとか、チームを引っ張っていってもらいたいと考えていくと思うんです。でも僕は、この1、2年はまだ自分の成績とか、プレーを追い求めることに集中してもらいたい。その先は自然とみんながゲンをリーダーとして、その背中を見るようになってくると思う。そうなると、プレーはチーム寄りになりやすいんですよね。ここは打ちたいけど、みんな見ているからと自制する部分がどうしても出てくる。だから、今はまだまだ自分のことを中心に思いきってやってほしいなというのが僕の願いです。

WE ARE ONE

GENDA
6

第2章
道筋

嘘《うそ》から出た地獄

高校進学にあたっては、何校かから推薦《すいせん》入学のお話をいただきました。その中から、監督である吉野賢一郎先生の熱意がいちばんの決め手となって、県立大分商業高校に決めました。

大分商は、僕が入学した２００８年までに春夏合わせて19度も甲子園に出場していたものの、１９９７年の春夏連続出場以来、聖地からは遠ざかっていただけに「古豪」というイメージでした。入学する前年（07年）の夏は、県大会の１回戦で敗退。それでも、大分商に進む同級生は良いメンバーが揃《そろ》うということで、強いチームになりそうだなと思ったのも選んだ理由の1つでした。

僕が最後までどちらにするかで悩んだのは大分工業高校だったのですが、大分工にはは明野中学校の同級生の田中太一《たいち》（元巨人）が進学しました。太一はシニアリーグの「大分リトルシニア」所属で、リーグが違うため試合をすることはなかったのですが、下校時には一緒に帰ったり、仲が良かったんです。大分リトルシニアはすごく強くて、いつも全国大会に出ているようなチーム。太一がエースのときも、春も夏も全国大会に出ていた。甲斐拓也《かいたくや》（現福岡ソフトバンク）もいましたからね（そのときはキャッチャーではなく、セカンドなどをやっていたと思います）。それこそ「2007ホークスカップ」にも出場しています。僕らと同じ2回戦で延長の末に敗れましたが、彼らに勝ったチームがそのまま上まで進出して優勝していました。

先ほど、大分商にうまい選手が集まるとお話ししたのは、その強い大分リトルシニアのメンバーが数多く入るから。それが多くを占めていたんです。入学後、太一も「商業に行けば良かった」と言っていたのですが、僕らが3年生の10年夏は結局、大分工が甲子園に出たんですよね。太一が大分工にしたのはお兄さんが行っていたからでしょうし、拓也が楊志館《ようしかん》高校だったのも同じ理由だと思います。もし、みんな一緒だったら、いいチームになっていたでしょうね。

それはさておき、大分商でも、監督、コーチ、仲間に恵まれました。

吉野先生は厳しい監督でした。練習も本当にキツかった。例えば、ライトとレフトのポール間をみんなで声を出しながらランニングで往復するとき、どこの高校でもジョギングで行うのが普通です。でも僕らは、夏場はそれがダッシュになる。全員で並んで走り、きれいに揃わなければ、やり直しになる。誰か1人の足がズレてもいけない。みんな、必死で合わせて走り、ヨシッと思っても、吉野先生がベンチからメガホンを使って、ダメ出しをする。「ああ、もう1回か〜」って。その繰り返し。10本なんて普通にありますし、ひどいときは20本くらいになる。暑い中ですから、走り続けて倒れる仲間もいました。ほかにも、大会の試合で負けて帰ってきたら、すぐに特守が始まって、ずっと終わらない。

僕がもう二度とやりたくないのは、冬の練習で行う丸太を抱《かか》えながら走るタイム走。丸太を下から抱え込むようにして胸の前で持って走ると、本当にキツいんです。ホームベースからライトポールに走り出して、そのあとセンターに向かい、さらにレフトポールに着いたら、ホームに帰ってくる。丸太の重さは10キロくらいあったんじゃないかな。ただ、普通の丸太なので、何十本もあれば、重さに差がある。これは軽いとか、これは重いとか、だんだんわかってくる。だから、みんなで軽いものの取り合いになっていました(笑)。

これも、設定されたタイムを1人でもオーバーすれば、全員でもう一丁です。しかも、このさじ加減が絶妙。遅い選手は本気を出してやっとタイム内に入れるかどうかなんです。このタイム走は、いつも2班に分かれて行っていました。走っていない班はバットの「速振り」。スイングとスイングの間隔《かんかく》を詰めて連続で振り続けるもので、それを重いバットを使って、数を声に出しながら行う。これはこれで大変ではありましたが、タイム走に比べればマシでした。タイム走が延々続くのは本当にヤバいです。そこで、タイムを測って「何秒前」とか教えるのが男子マネージャーやケガをしている選手なので、ごまかしてもらって間に合っているふうにやっていました。

しかし、悪いことはできないものです。嘘《うそ》がバレる日がやってきました。1年生の冬のあの日のことは、一生、忘れないでしょうね。

僕は速振りの班で、もう1つの班が走っているとき、フッと監督が立って、タイムを測っている選手のところに歩み寄って、「俺のタイムとズレているぞ」と確認し出したんです。僕らはバットを振りながら、「ヤバい、ヤバい、ヤバい」と慌《あわ》てるばかり。それで正規のタイムで測り直したら、みんな、全然タイムを切れない。クリアできるまで何本も、何本もずっと走らされて、選手によっては泡《あわ》を吹いたり、ぶっ倒れたり。

「地獄や……」

僕らもずっとバットを振りながら、「あの班、どうなっちゃうんだ」と生きた心地《ここち》がしませんでした。でも、他人事《ひとごと》ではなかった。

「代われ！」

監督の低い声がグラウンドの空気を支配すると、みんなで誓い合いました。

「この1本は、マジ全力で行くぞ！　絶対、入るぞ!!」

必死って、こういうことなんでしょうね。みんながガーッと走り出し、最後は遅い選手を後ろから押して手伝って、タイムを切りました。

僕らの代になった翌冬は「ちゃんとやろう」と確認して、ごまかさずに、みんなで頑張りました(笑)。

チームファースト

1人できていなければ連帯責任という指導からもわかるように、吉野先生の教えは個人ではなく、チームに重きを置くものでした。厳しいだけでなく、本当にいろいろなお話をしていただきました。わかりやすい例を挙げると、「お前たちはみんなで甲子園に行くために、船に乗った。その船では、まわりを監視するものもいれば、燃料を担当するものもいる。舵《かじ》を切るものも必要になる。みんながそれぞれの役割をちゃんと考えろ」といったものです。自分はチームのためになにができるのか。自分のことを客観的に見て動け。そういう内容が多かったですし、今も僕の胸にしっかりと刻まれています。

吉野先生から教えていただいた、星稜《せいりょう》高校（石川県）の山下智茂《ともしげ》総監督（現名誉監督）の言葉もすごく覚えています。

「花よりも、花を咲かせる土になれ」

深いな、と思いました。主役にならずに、主役を支える人間になれ。まだ高校生でしたけど、感銘《かんめい》を受けました。

プロなら個人タイトルを目指すべきという考えもありますが、僕はそこにこだわりは持っていません。自分の仕事をして、チームが勝てれば、それでいい。そうした思考の根底には、吉野先生から教わったものが多分にあると思います。吉野先生には今も気にかけてもらっていて、感謝の気持ちしかありません。

また、大分商には昭和30年代なかばから伝わる野球部三訓というものがあります。

一、気力に欠くるなかりしか。

一、粘りに欠くるなかりしか。

一、融和《ゆうわ》に欠くるなかりしか。

端的に言えば、気力は、簡単にくじけない。粘りは、粘って継続する。融和は、チームが1つになって戦う。これを練習後、必ず主将に続いて、みんなで大きな声で唱和《しょうわ》していました。そうした諸々の効果もあるんでしょうね。やっぱり仲間意識はみんな、すごく強かったです。練習前にも、着替えて走ってグラウンドに出てきたら、まずベンチの神棚《かみだな》に挨拶《あいさつ》をして、次にグラウンドの真ん中に行って「今日の練習はこう、こう、こうします」と大きな声で宣言する。そこから掃除《そうじ》をしたり、練習の準備をする。なんか、ちゃんとやっていたな～(笑)。

恐怖心

高校に入学したとき、身長は160センチにも満たず、体も細かったため、みんな、大きいなと感じました。新入生は、しばらくは走ったり、トレーニングをしたり基礎体力作りに励《はげ》むので、それを頑張らないといけないと思っていたのですが、僕はほかの何人かとともにすぐに全体練習に入れてもらえました。でも、バッティング練習では本当にショボい打球しか飛びませんでした。それでも1年生の夏から背番号をもらえたのは、守備を認めてもらえたからなのかなと思います。

08年の初めての夏の県大会は第1シードでしたが、最初の試合である2回戦で8回コールド負け。僕は秋から試合に出られるようになったのですが、チームは1回戦で延長の末にサヨナラで敗戦。翌09年春のセンバツ（選抜大会）出場の可能性が消えました。

それだけでなく、大きなアクシデントにも見舞われました。シートバッティングでショートを守っているとき、ゴロがイレギュラーに弾《はず》んで、口に直撃。血がダラッと流れ落ちるほどの傷を負いました。その日は一度、練習は終わりという感じになっていたのですが、ピッチャーがまだやっていたために練習を再開した経緯があり、気を抜いてしまったのです。そこから、ボールが怖《こわ》くなりました。全部、イレギュラーするんじゃないかと、無意識のうちに逃げてしまう。恐怖心はずっと消えず、仲間にも相談せずにまわりに悟られないようにやっていたつもりですが、たまに体が逃げてしまったりしていました。

そんなとき、練習に付き合ってくれたのが川村耕平先生でした。僕が1年生の途中から、コーチとして来られていました。とにかくノックなどを受けて、受けて、受け続けましたね。川村先生にもボールが怖いことは伝えませんでしたが、動きを見ればわかったでしょうね。結局、怖さがなくなるまでに半年くらいかかりました。その後、川村先生には、「うまい人は顔に当たらないんだよ」みたいなことを言われました。確かにそのとおりで、まだまだ力がないなと思いました。

川村先生はとても面倒見のいい方でした。僕らの朝の自主練習は生徒だけでやっていたのですが、川村先生に「お前たち、朝練、なにしているの？　誰か見ているの？」と聞かれ、「自分たちで守備とかをやっています」と答えると、「それでうまくなれるのか？」と言って、次の日から来てくださるようになりました。川村先生は大分工時代、内川聖一《せいいち》さん（現福岡ソフトバンク）と同級生で二遊間を組んでいた方で、僕らは守備を基礎から教わりました。朝の早い時間から来てくれて、7時にはノックを始めていました。マンツーマンでもかなりの数のノックを打ってくれたおかげで、うまくなれました。

2年生の春は、九州大会の大分県予選では2回戦で日田林工《ひたりんこう》高校に敗れたものの、5月の県選手権では、その日田林工に準決勝でリベンジ。決勝の相手である明豊《めいほう》高校には、1歳上の今宮健太さん（現福岡ソフトバンク）がいました。全国的に知られていて、同じショートといっても、僕なんかとは比べようもない存在でした。実際に戦ってみると、本当にすごかった。今宮さんは右打者ですが、うちのピッチャーは警戒してずっと左のバッターボックスくらいにボール、ボール、ボールと投げていたら、その球を左手一本で右中間にバチーンと打たれました。「あら〜」って(笑)。

今宮さんは試合終盤にはマウンドにも上がって対戦したのですが、球が速い。その年の選抜でも140キロを超える球を投げていましたが、めちゃ速かったです。今宮さんの右手から球が離れる前にバットを振り始めて、それでも詰まってサードゴロでした。「ああ、こういう人がプロになるんだな」と思いました。

そのころの僕は背も小さかったですし、野球は高校までにして、卒業したら父と同じ会社に就職しようかなと考えていました。

再考

09年夏は、3回戦で拓也のいる楊志館に1対3で敗れ、自分たちの代が始まりました。練習試合は県内だけでなく、県外の強豪校とやっても勝つことができ、翌09

年のセンバツを目指し、自信を持って秋の大会に臨みました。1回戦は、またも楊志館。勝ったら、次は太一の大分工という組み合わせでした。

楊志館との試合は1点を争う接戦となり、9回では決着がつかずに延長戦へ。最後は10回裏一死からサヨナラ負け。アッという間に終わったという感覚でした。

夏の試合も含めて、拓也から盗塁をしたり、刺されたりというのは覚えていません。高校生なので、これは走れないとか、そこまで考えていなかったですし、特別な意識はありませんでした。もちろん動きがすごく良かったですし、肩も強いなとは思っていましたが、現在のような「甲斐キャノン」というほどのインパクトがあったわけではなかった。むしろ僕の中で拓也は、「打」の選手でした。身長は低いですけど力強いスイングをしていて目立っていましたし、この試合も打たれたんじゃなかったかな。

敗戦を受け止められなかったからなんですかね。球場から一度、学校に戻ったあと、すぐに家に帰る気になれませんでした。それで、普段は自転車で30、40分かけて通学している道を、方向が同じ何人かで家まで足取り重く歩いて帰りました。なにかしゃべっていたとは思いますが、負けたショックで上の空だったんでしょう。どんな話をしたかは覚えていません。

でも、負けたことで、自分たちは全然強くないんだとわかったことは良かった。冬の厳しい練習もちゃんとやろうと、改めて考える契機になりました。

巻き返しを期した10年春の九州大会大分県予選。初戦の2回戦、3回戦はコールド勝ち。準々決勝の柳ヶ浦には3対0、準決勝の津久見には1対0と、連続完封勝利。決勝は明豊との一戦。エースの山野恭介《きょうすけ》（元広島東洋カープ）は、太一や拓也とともにプロからも注目されていました。結果は、1点も取れずに0対1。準優勝に終わり、九州大会にも出られず悔しかったですね。

その3人は野球関連の雑誌なんかにもよく出ていましたが、ライバル視とかはなくて、「すげぇな」という感じでした。全国を見渡すと、智辯《ちべん》和歌山の西川遥輝《はるき》（現北海道日本ハムファイターズ）や履正社《りせいしゃ》（大阪府）の山田哲人《てつと》（現東京ヤクルトスワローズ）が同じショートとして脚光を浴びていました。

でも、僕は彼らと比較したり、あいつらに負けたくないと気にしたりすることはせず、自分と向き合い、どうすればうまくなれるのかを追求していくタイプだったかなと思います。僕は本当にひっそりとやっていました(笑)。

ただ、3年生になったあたりから変わったことがあります。身長が175、176センチくらいになったことも影響していると思いますが、プロ野球のスカウトの方が数名訪れてくださるようになったんです。それで、「オッ」みたいな。「マジか」と、プロ野球をちょっと意識するようになりました。大学からも誘っていただくようになり、野球を続けられるのかな、やっぱり野球を続けようかな、と思い直すようになったんです。

楽しかったから

夏前の県選手権はまたも準優勝だったのですが、第2シードで臨んだ最後の10年夏の大会は順調にスタートを切れました。最初の試合である2回戦は、10対0で6回コールド勝ち。3回戦も、8対1で7回コールド勝ち。いい形でベスト8に入り、準々決勝は第3シードの日田林工との対戦でした。

1回裏に犠牲フライで1点を先制され、4回表の一死一、三塁のチャンスを併殺《へいさつ》打《だ》で潰《つぶ》してしまうと、その裏にバッテリーエラーで2失点目。その後もランナーを出すものの、なかなか点に結びつけられない展開が続きました。6回、9回にもランナーを三塁まで進めましたが、最後まで得点を奪うことができないまま、0対2でゲームセット。高校野球が終わりました。

最後の場面は、はっきりと記憶に刻まれています。この大会、僕は3番を打っていました。もともと3番を打っていた坂本憲英《のりひで》が県選手権の試合のレフトでの守備の際、フェンスにぶつかって、足を負傷。夏までに完治せず、背番号20でベンチに入ったとはいえ、レギュラーから外れていたんです。

最後のバッターは、その坂本でした。二死ランナーなしから、前の打者の日名子《ひなご》祐多《ゆうた》が、なんとか坂本に回そうとフルカウントから三塁打。出塁できれば、次は坂本が代打で出ることがわかっていたんです。しかし、打席に立った坂本が放った打球は、無情にもセカンドへと転がるゴロ。それでも坂本は足を引きずりながら、懸命に一塁へ走りました。セカンドの送球がファーストに届く前から、もう涙がこぼれていました。みんな、泣いていました。あのシーンは忘れられません。

僕は、卒業後の進路を愛知学院大学に決めました。プロは考えませんでした。仮にプロ志望届を出した場合、指名があったとしても育成選手になりそうだということだったんです。そのときは育成選手でプロに入って成功するのは難しいと考えていたので、大学進学を選択しました。

でも、全国のエリートが集まる、東京六大学野球連盟や東都大学野球連盟、いわゆる「中央球界」の大学からは、声がかかりませんでした。

九州の大学からはいくつかお話をいただきましたが、監督、コーチと相談し、よりレベルの高いリーグでやったほうが力を伸ばせるのではないかということと、全国大会によく出ている大学なので注目してもらいやすいということ、大学卒業後のことを視野に入れた場合、社会人野球のチームが多い地域がいいことなどの理由から、愛知学院大学を選びました。

振り返ってみると、大分商での高校野球生活は充実していました。選んで正解でした。なんとなくではありますが、野球をやるうえで、自分はこういう選手なんだということを理解して、動けるようになったと思います。自分は主役じゃないけれど、それでいいのだという価値観を育《はぐく》んでもらえました。

それになにより、楽しかった。最後はもっと上まで行けるだろうなと考えていたので、「あれ、負けちゃったのか。ここで負けるのか」というのが正直な気持ちでした。でも、甲子園に出られたらいいなと思って頑張ってきましたけど、しょうがないかなとも思いました。甲子園はテレビで見るものなんだな、と。悔しいんですけど、そんなふうに割りきれたのは、楽しかったからだと思います。厳しい練習の日々でしたけど、やめたいと思ったことは1回もありませんでした。

指導者、同級生、先輩、後輩――。良い人たちとめぐり合えた。そのおかげで、高校野球、楽しかったです。

C O L U M N

私が見た「源田壮亮」の素顔

YUJI KANEKO

金子侑司 外野手

「なにがあっても、そのままの源田壮亮でいてください（笑）」

僕の立命館大学時代の後輩がトヨタ自動車にいて、「今度、うち（トヨタ）の後輩の源田というのが西武に入りますので、よろしくお願いします」という話があったことで、ゲンとは入ってきてからすぐに話をするようになりました。実際に会ってみると、性格は明るいですし、謙虚ですごくいい子で、気も合いました。なので、自然と一緒に出かけたりする仲になりましたね。

とくにゲンの1年目は多かったかな。洋服を買いに行って、ゲンが優柔不《ゆうじゅうふ》断《だん》で決められないときは僕が決めちゃったというか、「こっちのほうがいいんじゃない？」という感じのときもありましたが、今はそういうことはないです。普通にお互い、「これ、良くない？」「これ、どう？」と言いながら選んでいますね。僕の影響を受けたということもないと思うし、洋服の好みもそこまで合うわけではないです。そういうことは基本的には自己満足の部分ですから、自分がいいというものを着ればいいと思う。

ゲンは2018年オフ、髪にパーマをかけたりもしていましたが、自分が似合うと思ってやったんだろうし、好きなようにやるのがいちばんですよね。

遠征に行った際の空《あ》き時間などを利用して、映画を見に行ったりすることもあります。だいたいゲンがどれにするか選んでくれています。一度、遠征先に着く時間と、見たい映画の上映開始時間がうまくハマって、2作品を立て続けに見たこともありました。

食事にも、ちょこちょこ行っています。僕はお酒が好きなので、行けばだいたい飲みますけど、ゲンは飲んだり飲まなかったりかな。ゲンの好きなお酒はなんだろう？　ビールとか、焼《しょう》酎《ちゅう》というセレクトではない感じ。マリブコーク（ココナッツリキュールをコーラで割ったカクテル）はよく注文していますね。お酒には強くもなく弱くもなく、普通じゃないですかね。ただ、強いお酒を頼んでいる印象はありません。それは避けていく方向なんじゃないかな。

お酒が入ってちょっと酔っぱらったかなというときは、誰でもそうでしょうが、ゲンも陽気になりますね。普段からよくしゃべるので、口数が増えるということはないですけど。ファンの方の中には、ゲンがあまりしゃべらないというイメージを持っている人もいるかもしれませんが、全然そんなことはなくて、面白いことも言うんですよ。

僕と普通に飲んでいるときは完全オフモードですし、お互い楽しい時間をすごせています。そういうときは野球の話もしないことはないですけど、世間一般のニュースとか、話題になっていることのほうが会話のネタとしては多いです。ゲンはスマホをいじるのが好きで、ネットにあがってきたニュースを見て、「今、こういう情報が入りました」って教えてくれるので。試合が終わってロッカールームに帰ってきても、すぐスマホに手が伸びるくらいですからね。普通にニュースとかを見ていると思いますけど、世の中の動向に強い関心を持っているのではなく、ただ単にホンマにネットが好きなだけだと思う（笑）。

人間性だけでなく、もちろん野球選手としても素晴らしいですよね。野球に対してすごく真面目《まじめ》ですし、僕もショートを守っていた経験があるのですが、ゲンの守備はやっぱりうまい。ゴロのバウンドの合わせ方なんて、本当にじょうずです。

それと、試合中でもすごく楽しそうに野球をやっている。ファンの方がいだいている源田壮亮像を壊さずに頑張っているところも、いいなと思います。キャラクターを作っているとかではないですけど、やっぱり試合中とプライベートの時間での姿が違うのは当然ですからね。そういう頑張っているところが支持されているんでしょうね、人気もすごいなと感じています。チームの中で断トツの1番人気だと思う。とても対抗なんてできないですけど、僕は僕で頑張らないといけないかなって。

本当にかわいい後輩で、どこか直してほしいところとかもないですよ。なにがあっても変わらず、そのままの源田壮亮でいてください（笑）。

Lions
SAITAMA SEIBU
LIONS BASEBALL
Majestic

第3章 もう1つの足跡

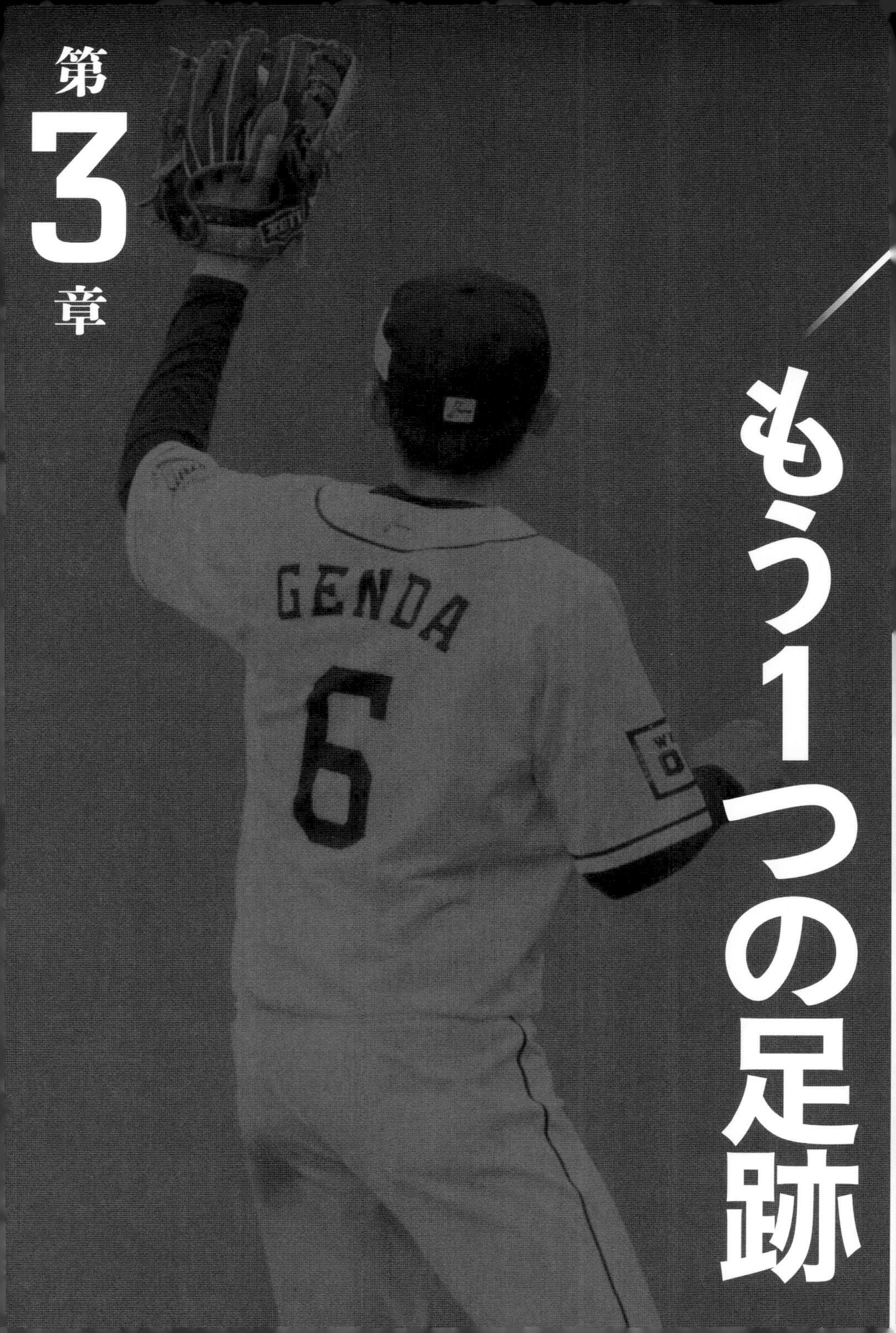

源田壘!?

この章では生い立ちから、これまであまり話したことがない、野球のグラウンドから離れた僕の歩みについて書いていこうと思います。

1993年2月16日、大分県大分市で源田家の次男として生まれたのですが、もしかしたら名前は「壮亮」ではなかったかもしれません。父は一塁、二塁の「塁」にしたかったみたいです。でも、画数的に最悪だったみたいで、それでやめたという話を聞いたことがあります。「壮亮」の由来は聞いたことがないですし、僕は予定日より1か月くらい早く生まれているので、もしかしたら適当につけられちゃったのかな(笑)。それは冗談ですけど、「源田塁」という名前だったら、なにか変わっていたんですかね。

そんな話からもわかるように、父は野球がすごく好きです。野球と柔道をやっていたと言っていましたし、昔から野球、野球という感じでした。そういえば、子どものころはよくマンガを読んでいて、いちばん最初にハマったのが『Ｍａｊｏｒ《メジャー》』。野球マンガで、僕が単行本を何冊か買っていたんですけど、父も読んだらハマってしまった。そのくらい、父も野球が好きなんです。それ以来、続きの単行本は父が買ってくるようになったので、僕はお小遣《こづか》いを使わずにすみ、「ヨッシャ！」でした（笑）。

ちなみに好きだったマンガは、『Ｍｒ．《ミスター》ＦＵＬＬＳＷＩＮＧ《フルスイング》』や『ダイヤのＡ《エース》』『風光る』など、やっぱり野球ものが多かったです。野球以外だと、圧倒的に『シャーマンキング』ですね。霊能力者の少年が、その頂点を目指して戦っていく物語なのですが、大好きでした。さすがに今は読み返すことはないですけど、語れる人に会うと楽しいです。ライオンズだと髙橋朋己《ともみ》さんがそうなんです。19年1月の自主トレで第二球場に来ているとき、お風呂でずっと熱く語り合っていました。時間が許されるなら、いくらでも話していられますね。

父の野球好きで言うと、こんなこともありました。僕は小学生のときは地元のスイミングスクールにも通っていたんですけど、父は野球のための基礎体力作りにと考えていました。でも、水泳も得意で、けっこういい線を行っていたんです。クロール、平泳ぎ、背泳ぎ、バタフライ。なんでもやりました。大会などにはソフトボールの試合と重なるので出たことはなかったのですが、スクールのコーチが「水泳選手にしたい。トップクラスを目指そう」と言ってくれたほどでした。しかも、そのコーチは、アトランタとシドニーオリンピックに平泳ぎで出場した林亨《あきら》さん（宮崎県生まれで、大分県育ち）を育てた方。父の同級生でもあったのですが、父はあくまで僕に野球をやってほしいと考えていたので、水泳はやめようということになりました。僕としても、水泳は嫌いではなかったですけど、ソフトボールのほうが楽しくなっていたので、やめることに抵抗はなかったです。

第1章で、ソフトボールは自分が望んで始めたわけではなかったことに触れましたが、その延長ですぐに野球が好きになり、ずっと野球が楽しいという気持ちが変わらないのは、やっぱり父の遺伝子を受け継いでいるおかげなのかもしれませんね。体型も父譲り。いや、体はむしろ僕よりも父のほうがガッチリしていて、身長はだいたい一緒の180センチくらいありますし、足も長いです。

母は運動系の特定の部活に入っていたわけではなかったみたいですけど、スポーツは万能だったと聞いています。運動神経という部分では、両親のそれぞれから、いいものをもらっているのかもしれませんね。

父と母は仲もいいですし、子ども時代の僕への接し方もバランスがとれていたと思います。父は「子どもの自由にさせよう」というスタンスで、あまり叱《しか》られることはありませんでした。

でも母は、昔は厳しかった。しつけの面では、時間を守れなかったときなどに怒られました。小学生のころとか、学校から帰ってきて遊びに行くとき「何時に帰ってきなさい」と言われていても、サッカーや遊びに夢中になって、約束の時間を過ぎてしまう。当然、まだ携帯電話や腕時計は持っていませんし、子どもだったらよくあることですよね。でも、アッと思って急いで帰ったら、家のドアの鍵がかかっていて開《あ》かない。1分でも間に合わなければ、締め出されるんです。「開けて」とお願いしてもなかなか家に入れてもらえず、泣いていましたね。10分くらいは入れてもらえなかったのかな。

ほかにも、靴を脱ぎっぱなしにしていると、きちんと並べるように言われたり、そういう当たり前のことができていないときは、厳しく注意されました。時間もそうですし、約束を守ることなど、必要なことを子どものうちにしっかりしつけてくれたから、そういうところでは苦労することなく大人になれたと思います。

小学生でソフトボールをしていたときも、なにかあれば言ってくるのは母でした。始めた当初は父にもいろいろ言われましたが、基本的には楽しくやれよという感じで、あまり口出しされなかった。でも母は、例えば試合に負けて落ち込んでいると、「気合いを入れろ」みたいな。それを見守る父。父のほうが年上ですが、普段、主導権を握っているのも母だと思います。そうした2人の空気感は、僕がドラフトで指名されたときにもあらわれていましたね。僕が会見を終えて両親に電話をしたら、父が泣きまくっていたらしく、冷静な母が、「となりで、こんなに泣かれたら、私の涙が出らんくなるわ」みたいな(笑)。

兄弟は、2歳上の兄が1人。仲も良くて、ソフトボールのチームにも同じタイミングで入りましたし、兄が中学に上がるまでは近所で遊ぶときもいつも一緒でした。僕の友だちや兄の友だち。みんなで遊んでいた記憶があります。

もちろん、人並み程度には兄弟ゲンカもしました。僕は体が小さかったですし、当然、力は兄のほうが強いのですが、僕のほうからちょっかいを出すことが多かったですね。それに兄が仕返ししてきてという流れなんですが、最後、母に怒られるのは決まって兄。「あなた、お兄ちゃんなんだから」と、いつも怒られてくれていて、僕はシメシメでした（笑）。

源田家は本当に仲のいい家族です。

華やかな時代

どんな子どもだったかと聞かれれば、「活発な子」ですかね。小学校の先生からしたら、うるさい子という感じだったと思いますけど。ただ、ちょこちょこ注意されることはありましたが、厳しく叱られたり、問題を起こして親が呼び出されたりするようなことはなかったです。クラスの中の委員もいろいろやりました。放送委員とか、学級委員も。ただ小学生ですから、任されるというより、クラスの中で友だちが多いといったような理由で選ばれていたんだと思いますけど。

小学校時代は、女の子にもモテていましたね(笑)。だって、運動ができるというだけでモテるじゃないですか。足は小さいときから速いほうでしたからね。正確な数は覚えていないですけど、バレンタインデーにはたくさんチョコをもらいました。僕が育った明野という地区は、大分県大分市の中でも標高が高いところにあって、とにかく坂道が多い。どこに行くにしても、坂があるんです。そうした中をいつも自転車で上り下りしていたので、それで下半身が鍛《きた》えられて足が速くなったところもあると思います。

子ども時代は華やかだったな〜。小学校ではなかったんですけど、幼稚園では学芸会があって、よくわからない役でしたが、2人で交代とかではなく、1人しかやれない主要な役にも選ばれました。ただ、本当に謎《なぞ》な役でした。ストーリーやセリフはもうすっかり忘れていますが、舞台で縄跳《なわと》びの二重跳びをしたことだけは覚えています。そのときの写真は実家にあって、なんか黒っぽい、ようわからん格好をしている。謎です(笑)。

でも、モテ期のピークは幼稚園ですね。小学校の運動会は、1年生から6年生まで常にリレーメンバーでしたけど、途中までは学年でいちばん足が速かったのに身長が伸びなくて、どんどんほかの子に抜かれていったんです。本当に、背は小さかったですね。中学の終わりのころはサバを読んで160センチと言っていましたけど、実際は高校に入学したときでも158センチ(笑)。ただ、身長より足の速さで抜かれるほうが悔しかったですね。いちばんにこだわってはいませんでしたが、走れば負けたくないと思ってましたから。女の子からの人気も比例して落ちていって、僕より足が速くなった子がモテるようになっていました。あ～、やっぱり、って。でも、それで毎朝走るようになった、ということは全然なかったです(笑)。

鬼ごっこ

勉強は、小学校のときはぼちぼちできていました。勉強することが嫌いではなく、授業もちゃんと聞いていましたし、宿題も忘れずにちゃんとやっていましたね。算数が好きで、嫌いな科目もなかった。その後、成長してから、両親とも、「小学校のときはできたのにね」という話によくなりましたからね。「小学校のときは」です。

中学に上がってからは……。急に勉強が難しくなりません？（笑）。英語などの新しい教科も入ってくるし。英語、ダメやったですね。理解できなかったです。「日本人だし」と思いながら、授業を受けていました。学級委員などもやりませんでした。

中学校での部活は陸上部に入っていましたが、それも野球のため。学校の野球部ではなく外部で硬式のクラブチームに入っている生徒は、学校では陸上部に入るみたいな決まりがあって、チームのみんなで所属していました。野球の練習がある日は必ずそちらに行きますから、陸上部にはそうでない日に軽く参加する程度。やっていた種目は短距離ではなく、走り幅跳び。走るのは負けないという気持ちもなくはなかったんですが、走り幅跳びを選んだ理由はラクができそうだから（笑）。ちゃんとやるつもりがないので、歩数を合わせているフリをしながら軽く助走して、適当にチョンと跳んでいました。

いちおう部員なので大会には出場するのですが、当然、真面目《まじめ》にやっている人にかなうはずはないですよね。しかも、正規の部員はちゃんと陸上のユニフォームを着ている中、僕ら野球のメンバーだけ体操服。陸上のユニフォームを買っていないので、体操服にゼッケンを着けて、大会に出ていました。違う意味で目立っちゃっていましたね。

大分商業高校時代も野球漬《づ》けの日々。練習は週7回で、休みは年末年始の数日だけ。それだけでなく、昼休みもフィジカルトレーニングをしていました。午前の授業が終わると、すぐに体育館に移動して、制服からジャージに着替える。先輩、後輩関係なく、強制参加。全員で集まって腕立て伏せなど、何種目かを行って、みんなで昼ごはんを食べて、授業が始まるまでにまた制服に着替えて戻る。1年生の最初から3年生の夏の大会が終わるまで、毎日です。体力的にキツくて、高校に入ってからは、授業中に寝てしまうようになりました。もちろん、そうならないようには気をつけていたんですけど……。

高校では本当に、野球と授業だけ。ですから、野球部の仲間、クラスメイトとどこかに遊びに行くとか、引退するまではそういうこともなかった。恋愛も、ないです。いや、多少ありましたけど、記憶が……(笑)。

本当に、高校の部を引退して初めて自由な時間を手に入れた感じでしたね。3年生の夏の大会で負けた翌日か翌々日かに、野球部の同級生みんなで海に行きましたし、大学の進学先も決まっていたので、ずっとたたんでいた羽を伸ばしました。

あと、とくに楽しかったのが普段の日の昼休み。教室でごはんを急いで食べて、同じクラスの野球のメンバーと、仲の良かったソフトテニス部の友人たちとで、鬼ごっこに夢中になりました。高校生にもなって鬼ごっこかと思われるかもしれませんが、学校の校舎を全部使ってワーワー言いながら、毎日、走り回っていました。

鬼は2人で。それだけの広範囲だとなかなか捕まえられなさそうで、意外と逃げる側の傾向が出るものなんです。こいつは、ここらへんにおるかな、とかって。鬼も作戦を練って、1人が待っているところに誘導するように追い込んでいったり、関係のない生徒のあいだにまぎれていて、いきなり現れたりする。野球部の仲間以外にもいい友だちばかりでした。やっていない人には迷惑極まりなかったでしょうけど、あれは楽しかったな〜。

缶コーヒーと声かけ

愛知学院大学も練習が厳しかったので、授業中はウトウトしてしまうことが多かったですね。寮生活をしていて、朝の6時くらいからグラウンドに行き、9時くらいまで練習したあと授業に出る。夕方5時にまた練習が始まり、終わるのは夜の10時、遅いときは11時くらいまでやっていましたから。それだと授業は、もうウトウトではないです。「グガァ～」ですね。

大学生らしく合コンをするとか、そんな暇《ひま》はなく、取得できた単位もギリギリで、正直、卒業も危なかったです。単位がヤバかった4年生のときがいちばん授業に出た年ですね。トヨタ自動車への就職は決まっていたものの、卒業できないことには、それもなくなってしまう。いろいろな方が協力してくれて、無事、トヨタ自動車に入ることができました。

最後となる4年生の秋季リーグが終わったあとは、人生初のアルバイトも経験しました。練習がなくなって、一気に時間ができた。ピッチャーだった同級生と、「夕方から暇やな〜。バイトやってみるか」となって、12月の1か月だけ、一緒に寮の近くにある運送会社の倉庫で働きました。トラックが来たら荷物を降ろして、番号ごとに決められた場所に持っていったり、逆に仕分けした荷物をトラックに積んだり。楽しかったです。まわりのおじさんたちもいい人ばかりで、缶コーヒーをいっぱい奢《おご》ってもらいました(笑)。

その後は野球部の後輩たちが、その運送会社にアルバイトに行くようになったという話を聞きました。今はもうわからないですが、そこにお世話になる子が続いたみたいです。なんか、うれしいですよね。

入社したトヨタ自動車で配属されたのはトヨタ工業学園の事務局でした。この学園は、簡単に説明すると、トヨタ自動車から生徒手当てをもらいながら職業訓練をして、卒業後はトヨタ自動車で働くというモノ作りのプロを育てる職業能力開発校で、そこの人事グループで働いていました。

学園はトヨタスポーツセンターという、いろいろな競技場が入っている場所にあり、中でも野球場は真横にありました。だから仕事から練習に行く移動がめちゃくちゃラク。野球部の社員は午前中に働いて、午後が練習なのですが、ほかのメンバーは、仕事が終わって、ごはんを食べて、車で球場に来る。でも僕は、職場からてくてくと、少し歩けばクラブハウス。しばらくはまだ誰も来ない。ゆっくり準備できるのは良かったです。

仕事はデータをパソコンでまとめるというのがおもでした。高校は情報処理科だったのでパソコンが扱えたのは救いでしたが、誰もが知っている一流企業で、優秀な人の集まり。そこで仕事をやっていけるのかなという不安はありました。

でも、職場では、野球部やラグビー部のOBの方はもちろん、運動をやっていない方も、よく声をかけてくれましたし、「野球のほうはどうだ」と気にかけてくれたり、すごく良くしていただきました。働いている時間も楽しかったです。ここでも人に恵まれましたね。

C O L U M N

私が見た「源田壮亮」の素顔

山川穂高 内野手

HOTAKA YAMAKAWA

「目配り、気配りはチーム1。少し欲を出して、タイトル狙《ねら》って」

ゲンのことをひと言で表現するなら、「完璧《かんぺき》」ですね。

性格はせっかちでもなければ、のんびりというわけでもなくて、バランスがいいなと感じますし、オンとオフの切り替えもとてもうまい。やるときはやりますし、やらないときは全然やらない。プライベートでたまに食事に行ったりもしますが、いい意味でオフモードになりますし、野球をやるときはスイッチを入れてやる。そこは素晴らしいなと思います。

それに、目配り、気配りは、チームの中で誰よりもできます。例えば新幹線や飛行機で移動するときに近くに座っていると、目的地に到着したら僕の荷物もパッと下ろしてくれる。となりの席で飲み物をちょっとこぼしたりしても、スッとティッシュを出してくる。そういうことをこちらがお願いしなくても、さりげなくやってくれる。気をつかってくれて「どうぞ」という感じではなく、自然とやってしまう。だから、すごいなと思います。練習が何時からとか、ミーティングや移動の時間などチームの動きのこととかも、いつもしっかり頭に入っている。僕もそこはきっちり把握《はあく》していますが、たまにわからないときはゲンに聞いています。ゲンなら間違いがないですからね。それと、これはゲンがネットで検索するのが好きという部分もあるのだろうと思いますが、食事をしている際など会話の中で雑学的なことであったり、なにかわからないことが出てきて、「あれって、なんだっけ」となにげなく言うと、ゲンはもうスマホで調べ出している。そして、「こういう意味らしいですよ」と教えてくれる。

本当に誰からも好かれていますし、彼ほど人に嫌われない人間はいないと思います。

選手としても守備のうまさは誰もが認めるところです。ただ、僕は、試合でのゲンのプレーはほとんど見られないんです。ゲンのところにゴロの打球が飛んだら、僕はファーストベースに入るために走っていなければならない。それでベースに着いて振り向いたら送球が来るというケースが多い。だから、ゲンのファインプレーなどは、とくに直接は見られないんです。でも、バッターが打った瞬間、ショートの横を抜けてヒットになるなと思いながらファーストベースに向かっていたのに、振り向いたらゲンが捕っていて送球が来ることがよくあります。

それから、送球もほとんど僕が捕りやすいところに投げてくれる。本当に胸の前あたりにしか来ないというイメージです。僕もオールスターに出させてもらったり、日本代表「侍ジャパン」に呼んでもらったりして他球団のトッププレイヤーの送球を受けましたが、ゲンがピカイチです。

それも結局、気配りなんです。ボールを受ける相手がいることですから。多少、それたところに投げられても、もちろん捕れることは捕れるんですけど、ちゃんと「相手が捕りやすいように」と思って投げてくるのが、ゲンです。当然、僕以外の人に投げるときでも適当に投げることはありません。

練習で作られたのか、天性なのかはわからないですけど、守備はすごく器用です。それとは対照的に、「不器用だな」というのが、僕が最初に見たゲンのバッティングの印象です。そんなに器用な打ち方をするタイプではないな、と。チョコンと当てたヒットじゃなくて、きっちり打ったヒットが多い。しっかり振ってライト前、しっかり振ってセンター前。二塁打、三塁打になるときも、右中間にガーンと引っ張って、あるいは外野の頭を越える打球でそうなっている。不器用な分、おそらくたくさん練習したんでしょうね。

そんなゲンなので、今のままでいいと思っています。ただ、強《し》いて言うならですけど、もっと欲を出してもいいと思う。最も難しいことである、試合に出続けることを入団から長く継続していたのだから、僕ならもっと欲が出ている。でも、ゲンは野望的なものがないように見える。平和に、無難に、という。2018年の盗塁王争いで西川遥輝《はるき》、中村奨吾《しょうご》と並んだとき、僕なら「絶対に1番になる。俺がタイトルを獲《と》るんだ」となる。でも、ゲンは「いいですよ、2番でも、3番でも。ケガをしないで無難にやれればいいです」というふうに、僕らにも話をするんです。もし、それが本音だったら、そこはもう一歩踏み込んでも、タイトルを狙《ねら》ってもいいんじゃないかなって。そういった部分は期待したいところですね。

6
NPB

ZETT
6

GEN 6
ZETT

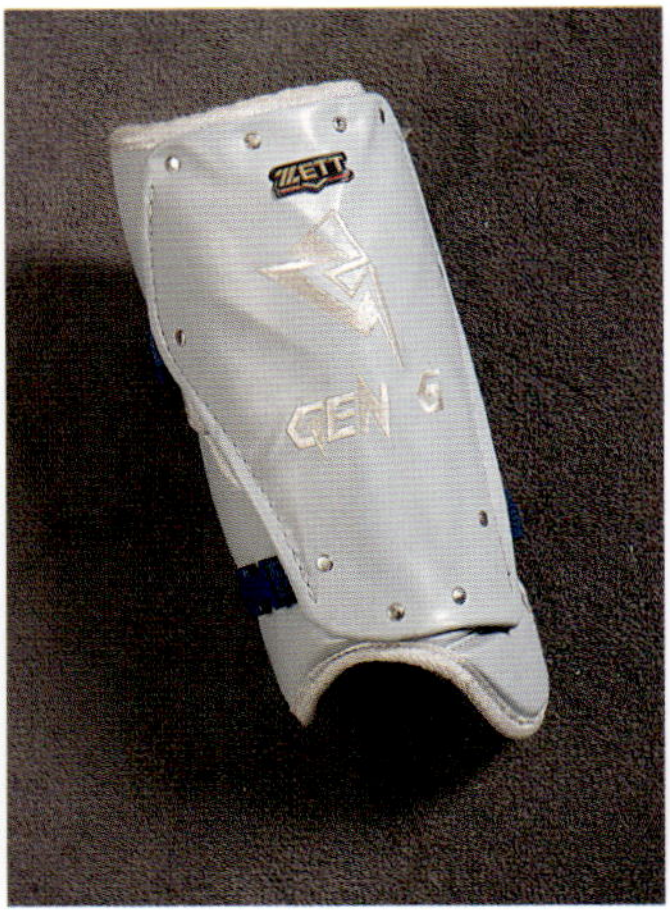
ZETT
GEN 6

ZETT
ZETT

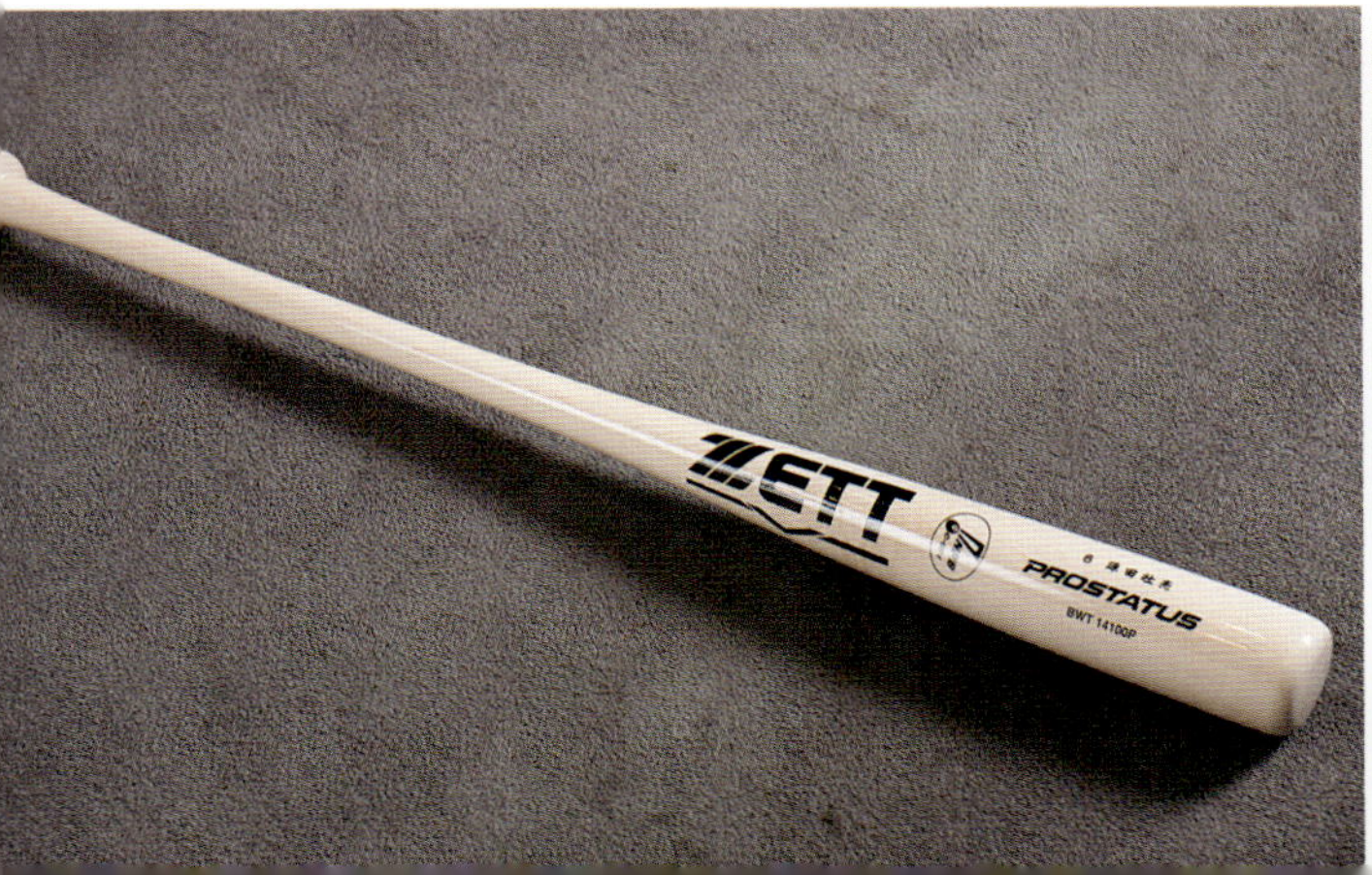
ZETT
PROSTATUS
BWT 14100P

SEIBU
SOGO

ベルーナ
Lions
SEIBU SOGO

ベルーナ

CSP

inglewood
株式会社イングリウッド
商品を売る最強の集団
Majestic
ALWAYS LIONS.
AIRLINES

inglewood
株式会社イングリウッド
商品を売る最強の集団
Majestic
AIRLINES

CSP
frontier home
Lions
SEIBU SOGO

SAISON CARD

SAISON CARD
GENDA
6

Lions
SAKAMOTO
6
TOKYO

Lions
SEIBU SOGO

SAISON
GENDA

Lions

OIZUMI
OIZUMI
Lions

Lions
Lions

Lions
Lions

Lions
R.SATOH
31
Lions

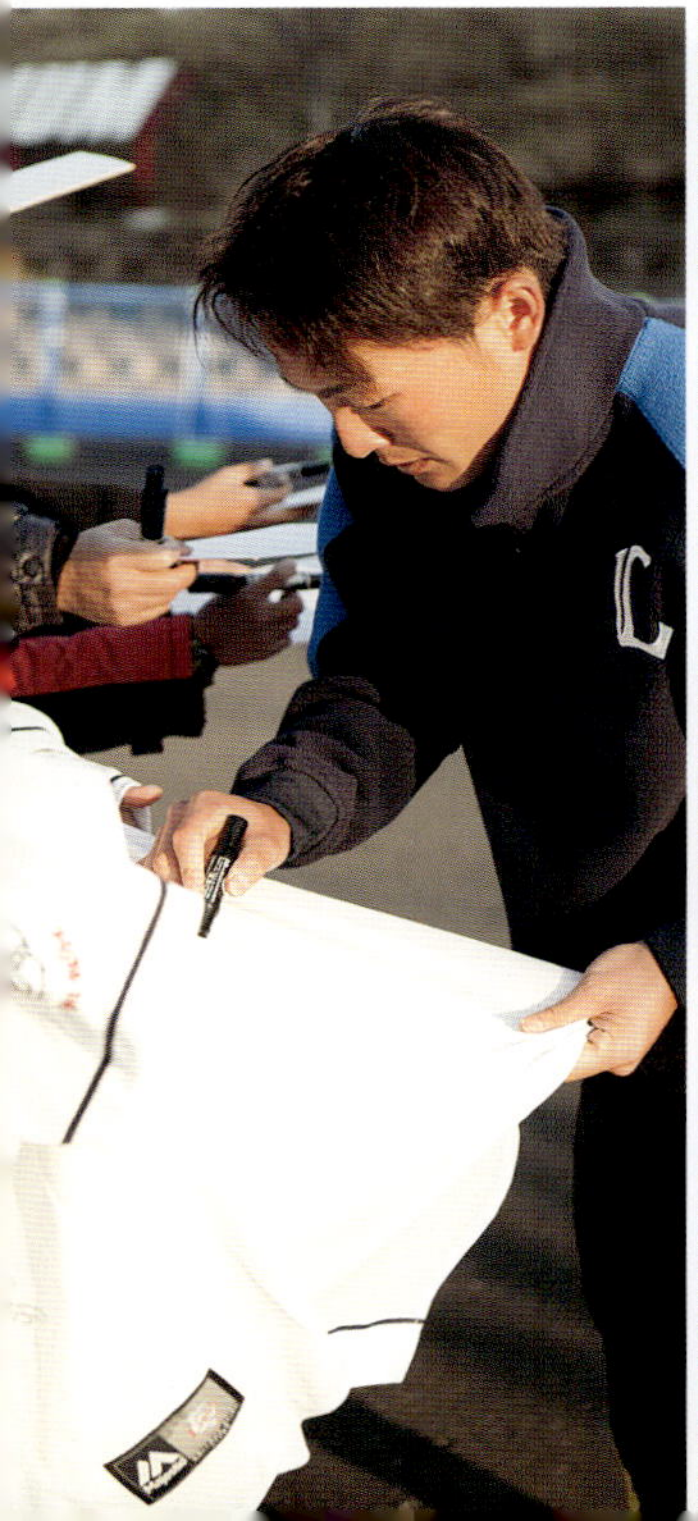

KATAGAM
Girls Volleyball Club
Lions

Lions

Majestic
ZETT

Majestic

ベルーナ
6
GENDA
6

GENDA

Majestic
SEIBU
SOGO

第4章

壮亮の源《みなもと》

料理男子

ここからは、さらに肩の力を抜いて、素顔やプライベートについてお話しします。

性格は、人見知り。ライオンズでも最初からスッと入っていけたわけではありません。まわりの人たちからはそうは見えないみたいですけど、僕の中ではどうしようかなというところから、ちょっとずつちょっとずつ距離を詰めていっています。日本代表「侍ジャパン」に呼んでいただいたときも、「人見《ひとみ》」していました。子どものときはそうではなかったんですけど、中学生くらいかな。小学校が3つ集まって1つの中学校になったので、人数がダーンと増えて、構えてしまうようになった。初対面からガンガン行くのは無理です。

あとは優柔不断《ゆうじゅうふだん》かな。何事も迷います。めっちゃ迷うんです。スーパーで1リットルパックのオレンジジュースの前で3分くらい、買うか、買わんかって。賞味期限までに飲み干せるかな、とか考えちゃう。ヨーグルトも横にあって、それもどうしようか悩み始めたときは、ずっとジーッと立っていました(笑)。洋服とか、自分が好きなものを選べばいい買い物は、けっこうスパッと決められるんですけど。

でも、スーパーは好きなんです。自炊《じすい》が好きなので、よく行きますしね。もちろん包丁などでケガをしてはいけないので料理をするのはオフシーズンだけですが、外食より多いということはないものの、けっこう作っています。食材を見ながら献立を決めるという上級者のようなことはできないけれど、料理レシピサイトの「クックパッド」を眺《なが》めながら、なににしよう? よし、これ作ろう。じゃあ、これを買えばいいんだ、という流れ。スーパーに行って買うと決めた食材の中から、どれにしようかと見比べるのも楽しい。調理するのも、めっちゃ楽しいです。

もちろん、一般の主婦の方などが作っている料理と比べたら、すごく簡単なものでしょうが、僕の中では野菜を切っているだけで「料理しているわ～」という気分になれる(笑)。それで、おいしくできようものなら、最高です。基本、辛《から》いものでなければ、なんでも食べられます。そんなに同じ料理は作らないのですが、おいしくできて何度か作ったのは、あんかけ焼きそば。片栗粉を溶いて、あんも自分で作ります。あとはフレンチトーストも好きで、たまに作っています。ホットケーキも焼いたな。甘いものは小さいころから好きで、いくらでも食べられたのですが、最近は少しでいいかなっていうふうになってきました。以前はコンビニに行ったら必ずスイーツの棚《たな》をチェックしていたのに、見ないまま店を出るときもあったり。甘いもの好きは、少し落ち着いてきましたね。

ほかには、クリームシチューも作ったな〜。あと、刺身を何種類か買って、海鮮丼を作ったり。超お手軽！　って、料理じゃないか……。でも、やっている気になるんですよ。それで、できあがったら、ヨシッてなります。

料理は、なにかきっかけがあって始めたわけではなく、小学生のときから家庭科の授業も好きでした。家でも母の料理の手伝いをしていましたしね。ハンバーグをペチャペチャこねたり、楽しいな〜と思いながらやっていました。大学のときも作っていましたが、野球部の自炊はひどかった。1袋10数円みたいな焼きそばを買ってきて、フライパンでジューッと焼いて、ソースを入れて、マヨネーズをかける。肉も野菜も具はなし。そして、フライパンからそのまま食べていました(笑)。

今は、盛り付けをきれいにするのも楽しみの1つ。さすがに栄養素まで考えて、というところまではいきませんが、野菜はしっかり食べるようにしています。

ただ、悩みもあります。野菜には、使わずに捨てる部分がありますよね。たぶん、僕、そこが多いです。どこまで使っていいかが、あまりわからないんです。だから、用心深く、つい多めに捨ててしまっている気がします。皮とか、芯《しん》とか、めっちゃ取ってしまう。

血液型がO型の人の特徴は「大雑把《おおざっぱ》」と言われますが、僕は適当なところは適当ですが、変に細かいところがありますね。それでも食品ロスが問題になっている時代、食べられるところはありがたくいただかないといけないですよね。

美意識

シーズン中のオフは家でボーッとしていることが多いですかね。1人で出かけるというのもあまりない。髪を切りに行くときくらいかな。

アラームをかけずに寝られるのが幸せです（笑）。陽《ひ》の光を浴びない日もあります。昼くらいに起きて、なにか食べながらテレビや映画を見たりして、夜ごはんを適当に食べて寝るという日もたまにあります。

オフの日に限らず家ですごすときは、テレビや映画を見る時間が多いです。試合を終えて帰ってきたときも、まずは必ず自分たちの試合と、翌日の対戦相手が違えばその試合の映像を見ますが、そのあとはテレビや映画、それにドラマですね。ドラマは海外ものを見ることのほうが多いかな。映画やドラマをオンラインでストリーム再生できる「Ｎｅｔｆｌｉｘ《ネットフリックス》」をテレビで見られるようにしてあります。ドラマを見ながら寝ちゃうときもある。少し前でいちばんハマったのは『Ｔｈｅ　１００（ハンドレッド）』。核戦争から約１００年後の地球を舞台にしたサバイバルアクションで、すごく面白い。オススメです。

バラエティ番組とかも、テレビをつけて楽しそうなのをやっていれば見ますね。特別に好きな人とかはいないですけど、芸人さんは、みんな面白いです。なにも考えずにリラックスできます。

部屋は、物が少ないほうがいいと思っていて、よけいなものは置かないようにしています。テレビ、テーブル、ソファ、ベッドくらい。トレーニングもしないので、そういう道具もないです。家では完全にスイッチオフ!

お風呂にゆっくり浸《つ》かるのも、心身を癒《いや》す方法ですね。湯船の中ではボーッとしているか、YouTubeで動画を見ています。いろいろな選手の守備の映像が多い。小坂誠さん(現千葉ロッテマリーンズ二軍内野守備・走塁コーチ)の守備のまとめの動画とか好きです。僕が目指すのは小坂さんのような、ファインプレーもそう見せないスタイル。

ただ、参考にしてイメージを膨《ふく》らませるわけではないです。単純に野球好きとして、「すごいな〜」と眺めています。ショートの選手を全部見尽くして、見るものがなくなったら、ほかのポジションに行きます。あとはメジャーリーグの内野手。でも、長風呂はできないタイプなんです。持っていったお水を飲みながら、湯船に入るとしても30分くらい。それで、もう「ゆでだこ」みたいになります(笑)。

とくにこれという趣味もないので、そんなにお金を使うこともないのですが、1

年目が終わったときには自分へのご褒美《ほうび》で、「AUDEMARS PIGUET《オーデマピゲ》」の腕時計を奮発して買いました。それと車は好きですね。西武に入って最初に買ったのは、もちろんトヨタの車。「ランドクルーザー」に1年間乗って、今はもう少しコンパクトな車を運転しています。

あとは洋服くらいですかね。ブランドは「DENHAM《デンハム》」や「CULLNI《クルニ》」などが好きですけど、絶対にここ、というようなところもなくて、幅広くという感じ。洋服自体にもこだわりはなくて、「これ、いいな」と思ったものを着ています。細身のものが多くてダボダボなのは着ないですけど、緩《ゆる》い感じの服もちょっと挑戦してみようかなとも思うんです。だから、そのときの気分次第ですね。

たまに使う顔のパックなども、インスタグラムに泡《あわ》が出る火山灰成分が入ったものを上げたりもしましたが、ファンの方から差し入れでいただくことがけっこうあって、自分で買っているわけじゃないですし。

僕は「女子力が高い」と言われることもありますが、ほかのチームメイトのみんなも変わらないですよ。化粧水を塗《ぬ》って、乳液を塗って、というのは、みんなやっています。

キムさん（木村文紀《ふみかず》）とか、熊代聖人《くましろまさと》さんとか、普段も会話している最中に肌をさわったり、さわられたりして、「ツヤツヤだな〜」と確認し合ったりしています。「肌、キレイ」って言われるとうれしいですし、「年齢はお肌に出る」って、なにかで見たんです。逆に肌がキレイだったら、歳《とし》を重ねても実年齢よりも若く見られますよ、と。「お〜」と、なぜか感心したんですよね（笑）。

田舎者《いなかもの》の逆襲

ライオンズはすごく仲が良いチームで、僕も先輩、同期、後輩を問わず、みなさんと良い関係を築かせていただいて、野球も、それ以外の時間も、楽しくやれています。本当にいい球団に入ることができたと思っています。

入団したときにすぐに話しかけてくれるなど、ネコ（金子侑司《ゆうじ》）さんはすごく面倒見のいい先輩で、仲良くしてもらっています。遠征の移動休みの日に、向こうに着いてから一緒に映画館に行くのにハマった時期もありました。僕が到着時間や映画館の場所、上映スケジュールから見られる映画を絞《しぼ》り込んで、「これと、これと、これに行けます」とネコさんに提案する。でも、だいたい僕が「これが面白そうなんですけど」と決めさせてもらっていました。

２０１７年のオープン戦で広島に行ったときには、２本連続で見ました。『キセキ―あの日のソビト―』と『一週間フレンズ。』。どちらもいい映画で感動しました。映画のあとは食事にも行って、「２本ともいい映画やったな」と、２人で内容の振り返りをして。充実した日でしたね～。

18年シーズン後のオフにはネコさんと一度ゴルフにも行きました。僕は社会人のころから始めたのですが、同オフも、野球とは関係のない友人とかと４、５回はラウンドしましたね。ゴルフはシーズンオフにしかできないので、ベストスコアはまだ94くらいですけど、楽しいです。ちなみに、18年オフの球団納会ゴルフでは、ネコさんは12位で、僕は25位でした。ネコさんとの仲の良さはファンの方にも認知されて「ネコ源」と呼ばれたりもしているので、18年のリーグ優勝パレードの際、バスから手をつないで姿を見せたらどうなるかなと、おふざけをしたりもしましたね（笑）。僕が新人王を獲《と》ったときはサプライズでお祝いをしてくれました。めちゃくちゃ優しくて、お兄さんみたいな存在です。

山川（穂高《ほたか》）さんは野球の話がめっちゃ好きで、僕もそうなので、しゃべると楽しいです。バッティングのことも話しますし、19年春季キャンプでは山川さんの理論を少し取り入れて打ってみました。具体的なことは企業秘密です（笑）。

山川さんとはゲン担《かつ》ぎのようなことを一緒にしています。前の試合でヒットを打てなかったら、腕に巻くテーピングの長さを変えるんですが、それを「隊長」の山川さんに見てもらって、「いや、もっと長くだな」とかって。気休めみたいなものですけどね。どうしてもというわけではありませんが、ユニフォームに着替えるとき靴下は右から履《は》くのと、バッティンググローブをはめるときは左から、というのは僕の中で決めています。

秋山（翔吾《しょうご》）さんは、もう、すごい。まわりや、いろいろなところが見えている。僕が2番バッターの役割に縛《しば》られすぎないように、「進塁打を打ったために無理をしてでも絶対に引っ張らないといけないわけじゃない。コースなりに打っていいよ」と言っていただいたことがあって、気がラクになったのを覚えています。真面目《まじめ》なんですけど、まわりを楽しませることもできる。すごい人です。

年下は一軍に定着している選手はそんなにいないですが、（森）友哉《ともや》はかわいいですね。友哉も野球の話が好きで、深い話もします。例えば、「野手から見て、キャッチャーが僕のときと銀《ぎん》（炭谷銀仁朗《すみたにぎんじろう》さん（現巨人）のときで、どこが違いますか？」とか、「野手から僕はキャッチャーとしてどう見えていますか？」とか、聞いてきます。「もっとこうしたほうがいいかな」と、僕が思っていることを言ったり。そんな話は食事に行ったときが多いです。野球の話はいくらでも続けられます。

同い年のトノ（外崎修汰《とのさきしゅうた》）はマイペース。まったりしていますね。ザ・マイペース！　以上（笑）。やっぱり、同い年は違いますよね。ライオンズで僕と同じ1992年度生まれは、トノと佐野（泰雄《やすお》）と、19年から森脇（亮介《りょうすけ》）、あと、通訳の小林俊太郎。同級生会もします。誰が音頭をとるというのではなく、自然と「同級生会やるか～」となる。19年は、シーズンが始まる前に2回やりました。春季キャンプのときに宮崎でやったんですけど、小林だけB班の高知キャンプにいて参加できなかった。それでA班が高知に合流したら、小林が「なんで俺がおらんのに。もう1回やろう」となって、高知でもう1回。野球の会話もあれば、「メンタルとは？」という話をしたり。全然、野球と違う会話もあれば、その場でスマホゲームの『荒野《こうや》行動』をみんなでやって戦ったりして、楽しいです。だからといって、お酒を飲みすぎるということはないですね。ごはんが食べられなくなりますし。

それは、ほかのチームメイトと食事に行ったときもそうです。昔の先輩たちがしていたように朝まで飲んでだと、体がキツいですもん。あと、ビールをずっと飲める人はすごいなと思います。僕はビールは飲めても2、3杯。おなかが膨れちゃう。おいしいんですけどね。そのあとは、最近は日本酒。前は無理だったんですけど、おいしいと思うようになりました。

甘いお酒も好きで飲んでいます。よく飲むのは、ココナッツリキュールのマリブとコーラを合わせたカクテルのマリブコークと、ビールとジンジャーエールを合わせたシャンディガフ。めっちゃおいしい。お酒はそんなに強いわけではないですし、おいしく飲むくらいがちょうどいいです。

他球団だとトヨタの先輩後輩はつながっていますし、「トヨタ会」もあります。あとはとくに仲が良いのは、やっぱり同い年ですね。ソフトバンクの（甲斐）拓也、千葉ロッテマリーンズの中村奨吾《しょうご》、江村直也、北海道日本ハムの（西川）遥輝、阪神タイガースの糸原健斗《けんと》。時間が合えばメシ行こうという話はいつもするんですけど、なかなか実現できないでいます。球団の枠《わく》を越えた同級生会もやったら楽しそうですね。オフに誰かやってくれないかな、幹事を(笑)。

プロ球界以外だと、歌手の強《つよし》さんとはトヨタ自動車時代から食事に行かせてもらったりしています。浅村栄斗《ひでと》さん（現東北楽天ゴールデンイーグルス）の『やんちゃ坊主』などプロ野球選手の登場曲も作っている方で、僕もプロで活躍したら「『田舎《いなか》者《もの》の逆襲』というタイトルで歌、作ったるわ」と言ってくれていたんですけどね(笑)。

ちなみに、僕が登場曲としておもに使っているレミオロメンの『もっと遠くへ』はトヨタの野球部が都市対抗野球の予選や本戦の前に作るモチベーションビデオのBGMで使われているもので、「めっちゃいい」と思って、プロでも使っています。

誰かに勧《すす》められていろいろ違う曲にしたこともありますが、結局、戻ってきています。でも、19年も気分で、ちょこちょこいろいろな曲を使ってみようかな。洋楽は聴きませんが、邦楽は幅広く、それこそ昔の歌も聴きます。中西保志さんの『最後の雨』とか、シャ乱Qの『シングルベッド』、TUBEの『傷だらけのヒーロー』も好き。カラオケも自分から行きたいとはあまり思いませんが、みんなで行けば楽しい。歌唱力は、普通じゃないですかね。

でも、こうやって考えると、野球以外に特技がない。『クレヨンしんちゃん』のボーちゃんとか、モノマネはたまにやっていますけど。聞かれたときに「英語です」なんて言えたら格好いいんやけどな～。いや～、野球が終わったら、ヤバいな(笑)。

元気で若いパパ

結婚も普通にしたいと思っていますから、引退してからも仕事がないと困りますよね。指導者には向いているのかな～?　いや、のんびり喫茶店やるとか。楽しそうだな～。

実は、そんな話を高校の野球部の同級生と、たまにするんです。今、海外に行って、コーヒーのことを豆からいろいろと勉強している仲間がいて、そいつと店をやろうかなって。でも、現役をやめてもやっぱり野球関係のことをしているのかな。読めないな～。

結婚はいつまでとかは考えたことはないですけど、子どもは欲しいですし、元気で若いパパになりたいな。現役でプレーしている姿も見せたい、という気持ちはありますね。野球教室に行っても、「子ども、かわいいな～、欲しいな～」って思っちゃいます。

男の子か女の子かは、元気でいてくれたらどちらでもいいですけど、欲を言えば、男の子は欲しいかな、くらいですね。両方いてくれたら楽しそう。ただ、女の子には、「パパ、クサい」とか言われるって聞きますからね。それは辛《つら》いですよ。

でも、家族みんな元気だったらなんでもいいです。元気に、楽しく、イキイキしていられればいいです！

C O L U M N

私が見た「源田壮亮」の素顔

SHUTA TONOSAKI

外崎修汰 内野手

「初対面でも誰とでもすぐに仲良くなれて、うらやましい」

ゲンを初めて知ったのは2016年の9月12日に行われた埼玉西武ライオンズの二軍とトヨタ自動車の練習試合のときでした。僕はライオンズの3番DH、ゲンはトヨタ自動車の選手として2番ショートでの出場でした。ゲンは、その夏の都市対抗野球でも優勝を果たした社会人野球の名門・トヨタ自動車の選手たちの中でも、1人だけ動きが違っていました。

試合前から選手のあいだで、「源田はプロのスカウトから注目されているらしいよ。うちに入ってくるかもしれないし、見ておけ」という会話がなされていたこともあって最初から注目していたのですが、素早くて、無駄がなくて、やっぱりうまかった。その年のドラフトでライオンズ入りしたあと、みんながゲンの守備を称賛していますが、そのうまさを誰よりも感じているのは僕じゃないかと勝手に思っています。

もともと僕もショートを守っていたので、その難しさや別の選手との違いはほかの人以上にわかるつもりですし、最初に見たときの印象が強く残っているから、そう思うのかもしれません。同学年でありながら、正直、それまでゲンのことは知らなかったのですが、本当にうまい選手だなと驚いたことを覚えています。

19年はセカンドの不動のレギュラーだった浅村（栄斗）さんが東北楽天に移籍され、僕もセカンドのポジションを争う1人としてゲンと二遊間を組むチャンスが増えたと思っています。18年までは、外野から浅村さんとゲンの二遊間を見て、「格好いいな」と思ったし、「うまいな～」と感じるプレーもたくさんありました。もちろん僕は浅村さんよりうまくはないですが、ゲンとのコンビでいいプレーをしたい。そういう気持ちは強く持っています。

それと、もう1つゲンがうまいなと感じるのが、人付き合い。自分からどんどん話しかけていって友だちになっている。僕とも、年齢が一緒ということでゲンが入ってきてすぐに絡《から》むようになったんですけど、普通なら先にプロに入った僕のほうから話しかけていくんでしょうが、振り返ると、ゲンからいろいろなことを聞かれて自然と会話するようになったんです。

それはチームメイトだけではありません。他球団の選手とも、すごく仲がいいんです。17年の「アジア プロ野球チャンピオンシップ」で一緒に日本代表「侍ジャパン」のチームに参加したときも、そうでした。そういう場でも普段と変わらないですし、みんなと仲良くなっていました。僕はそういうふうには振る舞えないので、うらやましいです。

しかも、それは同じ野球をやっている仲間だから、とかではないんです。分け隔《へだ》てなく、誰にでもそんなふうに接することができる。ゲンも出席してくれた18年末の僕の結婚披露宴のあと、地元の人から「源田って、すごくいいやつだね」と言われました。それも1人、2人ではなく、何人もの友人、知人から、「優しくてすごくいい人だったよ」と聞かされました。スピーチはお願いしなかったのですが、初対面の僕の知り合いとも気さくに対応してくれたことは、本当にありがたいなと思いました。

プライベートで食事などに行ったりすることはたまに程度ですけど、球場ではよくたわいないやりとりをしています。誰でもヒットが出ない日というのは当然あるわけですが、そういうとき、ゲンはショボーンと1人でうなだれるのではなく、「トノ、打てなかったよ～、どうしよ～」みたいな感じで話しかけてきます。決して深刻に言ってくるわけではなく、気にしていないっしょって感じなので、僕も「大丈夫だよ～」って軽く返しています。逆に僕も打てなかったときは、「ゲン、打てなかったよ～」って。するとゲンも、「大丈夫、大丈夫だよ～」と、そんなフワッとした励《はげ》まし合いをしています(笑)。

ゲンに1つ言うことがあるとすれば、「もっと、メシ食え！」です。それほど食べないわけではないんですけど、見た感じはガリガリなんで(笑)。でも、それなのに、ずっとフル出場を続けてきた。なんでなんだろうと思っちゃいます。すごく細いんですけど、体の芯《しん》がしっかりしているんでしょうね。

GENDA
6

第5章

踏み出す

もうちょっと

２０１１年、大分商業高校を卒業して入学した愛知学院大学は、愛知大学野球連盟に所属し、同リーグ最多優勝を誇るだけでなく、１９９１年の明治神宮野球大会で日本一にも輝いています。

僕と同じように東京六大学野球連盟や東都大学野球連盟の大学に行けなかった選手が少なくないのですが、高校時代に甲子園に出場した人も多く、入ってみるとレベルの高さを感じました。当時、４年生でエースの浦野博司さん（現北海道日本ハム）は、「すげぇ〜」という球を投げていましたね。

能力の高い選手が揃《そろ》っているのですが、それでも基本をすごく大事にするチームでした。守備はとくにそうで、ボールを手で転がしてもらって、きちんとした形で捕球するという練習をひたすら行うという日も多かった。「大学に来てまで、こんな基礎的なことをやるの？」と思うこともありませんでしたし、きっちりやりました。

高校の途中までは続けることを考えられなかった大好きな野球ですからね。いい加減な気持ちや姿勢で取り組むわけにはいかない。好きなことなら、やっぱり頑張れると思うんです。1つひとつ、真剣に向き合ってやりました。そうした積み重ねは、かなり身になったはずです。

うまい先輩が多い中、1年生の春季リーグは途中出場ながら試合にも出していただいた。自分ではそうなれるようになにかをしたということはないのですが、今、振り返ると、無自覚ながら長所を伸ばしてこられたからなのかもしれません。高校のときから、個別で練習をする時間があれば、守備ばかりやっていました。自分が他人より守備がうまいかどうかはわからなかったので、強みを磨こうという意識ではなかったものの、「まだ」「もうちょっと」という気持ちが強かった。そうして培《つちか》ったものが良い結果につながったのだと思います。

リーグ優勝を果たして出場した「第60回全日本大学野球選手権記念大会」でも、1試合、サードの守備固めで初めて神宮球場でプレーさせてもらいました。高校では九州大会にも出られなかったのに、いきなり全国大会。びっくりしましたね。

ただ、初めて親元を離れての寮生活だったので、最初のうちは多少ホームシックになっていた気がします。場所も環境も変わりましたしね。

春のリーグ戦が終わったあと、少し休みがあったので、大分に帰省しました。大分商の同級生でエースだった後藤恭介《きょうすけ》と一緒に愛知学院大学に入っていて、2人で「帰りたいな～」と話していたんです。それで、どちらからともなく、「帰るか」となって。休みの行動は自由なので、こっそり抜け出したわけではないです。でも、大分に戻ってなにかをしたかというわけでもなく、お互い家に帰ってリフレッシュして、「また、行くか」と。それで、寮に戻りました。その後は帰りたいと思うことはなかったです。

1年生の秋になると、リーグ戦の途中からショートを任されるようになりました。とにかくできることをするのに精一杯でしたが、初めてスタメンで出た試合で、運良く2安打できました。その後はエラーもちょこちょこしたのですが、最後まで使ってもらえました。チームも春に続いて優勝し、「第42回明治神宮野球大会」にも出場。この大会では、当たるところ当たるところにヤバいピッチャーがいて、「わあぁ」となりっぱなしでした(笑)。

1回戦の佛教大学《ぶっきょう》に1対0で勝利すると、次の相手は東都の亜細亜《あじあ》大学。先発ピッチャーは山﨑康晃《やまさきやすあき》(現横浜DeNAベイスターズ)。山﨑は同学年ですし、帝京高校時代から有名で知っていましたが、打席に立ったら、「速ぇえな」「すげぇな」って。「これは打てないな」と思いましたし、実際に2打席とも打てませんでした。山﨑は7回で降板したのですが、チームとしてもヒットは1本だけ。しかし、その1本は1学年上の濱内優弥《はまうちゆうや》さんが3回に放った左中間へのタイムリー3ベース。一死三塁で、9番の僕がピッチャーゴロに倒れた直後の殊勲打。助けてもらいました。1回戦でも決勝タイムリーを打っていて、濱内さんはこの大会でラッキーボーイでした。結局、代わったピッチャーからもヒットを打てずに1試合で1安打だけ。1対0で勝って、準決勝に進みました。

準決勝の創価大学戦では、小川泰弘《やすひろ》さん(現東京ヤクルト)が相手の先発ピッチャー。もちろんストレートは速かったんですけど、どこがどうとかよりも、雰囲気からして違っていました。「これは打てん」と。でも、その小川さんから奇跡的にヒットを打てた。うれしかったなぁ。打ったのはフォークのような、チェンジアップのような球で、バットを振ったら「当たった～」って。実は、この大会を通じて打ったヒットはこの1本だけ。守備では貢献できたところもあったとは思いますが、バッティングは歯が立たなかった。

試合は9回を終了しても両軍得点が入らず、タイブレーク方式の延長戦へ。10回表に1点を奪われたものの、その裏、レフト線への2点タイムリーで逆転サヨナラ勝ち。打ったのは、またも濱内さんでした。

そして、決勝の相手は明治大学で、先発は野村祐輔《ゆうすけ》さん（現広島）。もう規格外でした。球も速いのですが、制球もすごくて四隅にしか来ない。「これは無理だ」と。案《あん》の定《じょう》、2打席凡退。9回裏に回ってきた第3打席には、代打を送られました。試合も0対2。野村さんに、わずか91球で完封されました。

1年生のときから、これだけのピッチャーと対戦できたというのは、恵まれためぐり合わせです。ただ、それでこのレベルを打たないと全国では戦えないとか、目指す基準が上がったとかはなかった。野村さんは少し前に行われたドラフトでカープから1位指名されたあとであり、「プロだ」みたいな。3学年違ったら、中学生と高校生がやっているようなものなので、「しょうがないわ」と思うようにしました(笑)。

2年生(12年)の秋こそケガの影響でリーグ戦に出られませんでしたが、それを除けば2年生の春以降、主力として使い続けてもらいました。懸案《けんあん》だったバッティングも、2年生の春の打率が1割2分9厘(規定打席未到達)、3年生(13年)の春が1割7分8厘だったものが、3年生の秋には2割8分6厘まで上がりました。

直訴《じきそ》

4年生(14年)の代になると、キャプテンに指名されました。小学生のときもキャプテンになりましたけど、そのときはほとんどなにもやっていないようなものでしたから、実質、初めてと言っていい。正直、キャプテンというタイプではないと思いますけど、ずっと試合に出ていましたからね。もちろんいやだということもなかったですが、キャプテンだからなにかをしようとは考えませんでした。変わったのは僕の背番号くらい。キャプテンが背負う10番になりました。僕はガミガミ言うキャプテンじゃなく、気づいたことがあったら言う程度。みんなで楽しく、野球をやろうぜという感じでした。副キャプテンがけっこう厳しいことも言ってくれるやつだったので、バランスはとれていたと思います。

その分、背中で引っ張りました。14年春は自分でも良かったと思います。打率3割7分0厘で、盗塁は7個。得点14はリーグトップでした。チームも3季ぶりに優勝。日本一を目指して、「第63回全日本大学野球選手権大会」へ。組み合わせの良さもあり、チャンスは小さくないと感じていました。東京六大学の慶應義塾《けいおうぎじゅく》大学とは準決勝、東都の亜細亜大学とは決勝まで顔を合わせない。そこまで勝ち上がって、勝負だ、と。モチベーションは、大会が進むごとに高まっていきました。

初日の1回戦は苫小牧駒澤《とまこまいこまざわ》大学に5対0で快勝。すると2日目、慶應義塾大学が神奈川大学に敗戦。「慶應が負けたぞ！」と騒いでいると、亜細亜大学も創価大学に敗れたんです。

その翌日に、愛知学院大学は道都大学に3対0で勝ち、続く準々決勝の福井工業大学戦では、僕は大学での公式戦唯一となる先制ソロホームランを打ちました。練習試合では何本か打っていましたが、公式戦ではこの1本だけ。高校時代も練習試合での1本のみなので、全然、打ったことがなかったんです。それなのに、打った瞬間、「あっ、これ、ホームランだ!」ってわかりました。逆に手ごたえがあまりなかった。それくらいバットの芯《しん》でとらえられたんです。気持ち良かったですね。ダイヤモンドをゆっくり回って。うれしかったな〜。それも神宮球場ですから。

この試合は2対1で勝利するのですが、一度追いつかれてから決勝のホームも踏みました。当日は雨が降り、6回裏の僕らの攻撃の前に、40分くらい試合が中断したんです。そのときもみんなには、「楽しくやろう」という言葉をかけていたのですが、ベンチ裏では監督と、あるやりとりをしていました。

6回裏は僕からの打順だったので、

「塁に出たら、盗塁していいですか?」

「わかった。バントのサインは出さない」

そうしたら、たまたまヒットを打てて、盗塁も決められた。われながら、「オオオッ」となりました。そして、後続のバッターのヒットで生還。それまで自分からそういう相談をしたことはなかったのに、日本一に向かって燃えていたんです！

しかし、準決勝は神奈川大学に1対2で惜敗。最後のバッターは僕でした。泣きましたね。アウトになって、みんなが整列に向かうのを見て、「ああ、終わったのか」と思ったら、自然と涙があふれてきました。ただ、このときの相手ピッチャーも良かったんですが、慶應義塾大学を1失点完投したエースの濵口遥大《はまぐちはるひろ》（現横浜DeNA）は投げていません。温存されました（笑）。

それでも、この大会はその後の僕にとって大きなものになりました。4試合すべてでヒットと盗塁を記録でき、大学日本代表候補の合宿に追加招集されたんです。そこで、その年のドラフトで千葉ロッテに1位指名される早稲田《わせだ》大学の中村奨吾、阪神3位の駒澤大学の江越大賀《えごしたいが》ら大学球界で注目されている選手と一緒にやれた。甘い球は打ち損じてファウルにすることなく全部ヒットにする、空振りなんてしない、と勝手にイメージしていたのですが、彼らだって三振もすればミスもする。僕も頑張れば、プロになれる可能性はゼロではないのかなと思えました。

ただ、多くの先輩が社会人でプレーしていて、僕も卒業後は社会人で野球をやりたいと思い、3年生の冬には練習に参加しに行ったりもしていました。プロをあきらめたわけではありませんでしたが、社会人から行けたらいいな、くらいにしか思っていませんでした。春のリーグで活躍してプロのスカウトの方に来ていただけるようにもなったのですが、4年生になる春にはすでにトヨタ自動車から内定をいただいていました。活躍が3年生の秋だったら、内定がもう少しあとだったら大学からプロに行けたのかもしれませんが、そう考えることはなかった。一度、決めた道で、一日一日、一生懸命やる。決断を振り返ることはしませんでした。

本気

「とんでもないところに来たな……」

15年にトヨタ自動車に入ってみて改めて感じたのは、すごい選手の集まりだなということ。野球雑誌などで見る人たちや、東京六大学や、東都出身の人たちばかり。

みんな、バッティングがすごすぎて、僕には打てないような鋭い打球がビュンビュン飛んでいく。また、ベテランの先輩たちの取り組み方は、だから長く現役でやれているんだと納得させられるのに十分でした。プロに入ってからも同じですが、ユニフォームを着続けられている人は、自分がやるべきことをきちんとわかっている。僕もそうでしたが、若い選手は自主練習になると、誰かと一緒にやろうとしてしまう。一方でベテランの方は、1人で集中して黙々と練習をされる。中学から大学までのチームメイトは、離れていても3歳上。なので、10歳も違う人と同じチームで野球をやること自体が初めてだったのですが、学ぶところは多かったです。

福田康一《こういち》さんも、その1人。亜細亜大学時代はまだ2年生だった02年、全日本大学野球選手権大会、明治神宮野球大会優勝に貢献するなど活躍し、トヨタに入ってからも日本一に何度も導くなど、16年まで12年間にわたってチームを引っ張ってこられた内野手で、いわばレジェンドです。僕は入社したときに背番号1をもらったのですが、1はその福田さんが背負ってきた番号でした。福田さんが現役を引退するからというならまだしも、福田さんは37に変更になってのこと。1番はめちゃくちゃ格好いいですし、うれしかったですが、それ以上にびっくりでした。

あとで聞いた話では、福田さんが「源田にだったら、1番をあげてもいい」と話してのことだったそうです。守備を褒《ほ》めてくださったこともあったようで、それを知ったときはすごくうれしかったですね。とはいえ、トヨタの先輩たちとのバッティングレベルの違いを目《ま》の当たりにし、危機感が芽生えました。試合で使ってもらうにはなにをすべきか。初めて考えるようになりました。

監督が試合に使いやすい選手って、どういうことだろう？　計算の立つような選手になれたら、監督は起用しやすいはずだ。僕が勝負できるとしたら、守備。それなら頑張れば1番になれるかもしれない。「こいつをショートに置いておけば、守備面では心配せずにすむようになる」と思われる選手を目指そう。

そんな決意とは裏腹に、1年目は試合で、全然、仕事ができませんでした。

春からショートで出ていましたが、「使ってもらっている」という感じでした。打てないどころか、守りもできない。1年目はほぼなにもできていなかったと思います。いちばん大きな大会である夏の都市対抗野球大会の東海地区予選では、ミスを連発しました。毎日、岡崎市民球場で行われるので、どうしてもグラウンドが荒れてボコボコになってしまう。正直、「打球、飛んでこないで」と、ずっと思っていました。不安をいだきながら守っているから、動きも悪くなってエラーを重ねてしまう。でも、それはグラウンドのせいではありません。そういうグラウンドコンディションでも自信を持って臨めるほどの実力が、僕にはなかった。本戦ではベンチスタートになり、セカンドの守備固めとして途中出場させてもらうだけで終わりました。

秋になっても全然良くならず、ミスをした記憶しかないですね。監督、コーチには早い段階から、「プレーが軽い」とずっと言われていました。自分でも、そう感じていました。雑というか、確実性が低かった。でも、どうしていいのかわからなかった。これまでの野球人生の中では、あの1年間が最もしんどかった時期かもしれません。野球が楽しいことに変わりはないんですけど、大きな大会などでベンチから試合を見るというのが初めてだったので、悔しかったですね。

このままじゃダメだな――。

1年目が終わり、次の年（16年）の目標設定などを内野担当コーチのノリさんこと乗田貴士《のりたたかし》さんと話をする中で、社会人2年目はプロ解禁の年になるので、「やっぱり、本気でプロを目指したいです」と伝えました。こう言えたことがいちばん大きな転機になったと思います。入社した時点ではトヨタで試合に出られるかもわからない状態で、プロどころではなかったということもありますが、絶対にプロに行きたいというほどの強い気持ちはなく、トヨタでやりきるのもいいかなと考えてもいました。愛知学院大学時代にトヨタとオープン戦もして、めちゃくちゃ強いこともわかっていたので、その中によく自分が入れたなと思っていたくらいですからね。でも気持ちが変わりました。ちなみに大学時代の僕のプレーを見て当時の監督に獲得を推《お》してくれたのも、ノリさんだったそうです。

本気でプロに行きたいならまず守備だけはちゃんとできるようになろう、と目標を定めました。それまでは目標を立てるということはあまりしてこなかったので、きっちり作ったのはあのときが初めて。そこからノリさんには、ずっと練習に付き合ってもらいました。基本から見直し、教わったことを体に染《し》み込ませようと、とにかく、ノックを数多く受けました。1球1球、ノリさんに、「今の打球は足をこうしろ」「もっと低く入ってこい」など、直すべきところを指摘していただき、それを確認しながら積み上げていきました。また、トヨタには、「テニスノック」という練習法があります。今もオフに自主トレでトヨタのグラウンドに戻ったときにやっているのですが、その名のとおり、テニスラケットでテニスボールを打ってもらうノックです。重さが野球のボールよりも軽いため、グラブの芯でしっかりとつかまないと弾《はじ》いてしまったり、グラブからボールが飛び出てしまう。最初は続けて捕ることにも苦労していましたが、打ってもらう20球すべてを捕れるようにまでなりました。

自分の練習時間をバッティングに割《さ》くことは、ほとんどないと言っていいくらい、守備しかやりませんでした。

感謝

練習している段階では、うまくなっている実感は得られなかったとはいえ、「あれだけやった」という裏付けは、僕に気持ちの余裕を与えてくれました。1年前に悔しさを味わった都市対抗の予選でも、思ったよりも緊張や不安なく入れました。打球が来るなら来い、と。この16年は、落ち着いてプレーできました。

本戦でも平常心でやれましたし、なにか感覚が研《と》ぎ澄《す》まされていたようにも思います。1回戦を快勝したあとのJR西日本との2回戦。1対0のリードで迎えた7回表の守備。無死一、三塁から犠飛で同点に追いつかれ、一死一塁という状況でした。バッターが芯でとらえた当たりはピッチャーの右側を襲い、センターに一直線という痛烈なライナー。それを横っ飛びしながら、グラブを持つ左腕を目一杯伸ばして、顔よりも高い位置でキャッチ。すぐに起き上がってファーストに送球し、飛び出していた一塁ランナーもアウトにして、ピンチを切り抜けました。普通のポジションで守っていたのですが、バッターのスイングなどを見ていて、その球を投げる前に「こっちのような気がするな」と感じて、ポジショニングをセカンドベース方向に一歩寄せていたんです。そうしたら、本当に飛び込んでギリギリの打球が来た。こんなケースは滅多《めった》にないので、印象に残るプレーでした。

でも、この大会でいちばん覚えているのは、決勝戦9回表の最後のゴロ。4点リードしていて、二死三塁。「もう2アウトか。優勝できるなぁ」と思っていたら、ゴロが飛んできた。でも、ボールを捕る前くらいから記憶がない。次に思い出せるのは、駆け寄ったマウンドでワ～ッとなっているシーン。たまに映像を見る機会があると、普通にさばいているなと思いますが、夢中だったからこそ覚えていないんですかね。

日本一になって、自分の中でも、ある程度貢献できたと思えました。充実感は大きかったですね。自信にもなりました。それに都市対抗で5試合もできた。勝ち上がっていけたことで、プロのスカウトが注目する大舞台でのアピールの場が多くなったわけです。

もし、初戦や2回戦で負けていたら、ドラフトで指名されることはなかったかもしれません。なぜなら、初戦は4タコ、2回戦は3タコ。最初の2試合で負けていたら、ノーヒットで終わっていた。3回戦以降の3試合ではすべてヒットが出ただけでなく、先制タイムリーも2本と、いいところで打てた。チームメイトに感謝ですよね。いや、チームメイトだけではありません。ヒットが出ずに2試合目を終え、3回戦までのあいだの練習日にアドバイスをくれたのは、補強選手として来てくれていた新日鐵住金東海《しんにってつすみきん》ＲＥＸの竹村祐太朗さんでした。竹村さんはキャッチャーで、同地区で対戦もしていたので、僕のバッティングをよくわかっている。

そのときは、打ち方がいつもとなにか違って見えたんでしょうね。「もっと、こういうふうに打ってみたら」という感じで言ってくれて、ヒットが出るようになった。感謝ですね。トヨタでの社会人1年目には宮本慎也さん（元東京ヤクルト、現東京ヤクルトヘッドコーチ）に臨時コーチとして守備を教えていただいて、一緒に反復練習もしてもらいました。説得力が違いますし、すごく勉強になりました。

何度も言いますが、本当に人に恵まれています。

16年10月のドラフトで指名してくれたのがライオンズだったことも、いい「出会い」でした。次章で詳述しますが、みなさんにすごく良くしてもらっていますからね。もともとパ・リーグがいいと思っていました。ＤＨがあるので試合に出やすいかなとか、セ・リーグはけっこう打てないといけないのかなといった、浅い理由でしたが（笑）。

それ以前に、指名されるのかという不安も小さくなかった。あの年は巨人1位の吉川尚輝《なおき》君（中京学院大学）と中日ドラゴンズ2位の京田陽太《ようた》君（日本大学）がシヨートの2トップ。年下ですけどすごいなと思っていて、2人がどこに指名されるかによっても、僕に対する各球団の動きがいろいろ変わってくる。ドキドキしていましたね。それが、想像以上の3位での指名。もっと下だと思っていたので、びっくりしましたし、うれしかったですね。トヨタではドラフト中継をクラブハウス内の談話室でみんな揃って見る習慣があるのですが、お祭り騒ぎでした(笑)。

当日は会見やらなにやらでバタバタしていて、プロ野球選手になれたという実感はあまりなかった。でも、次の日に出勤すると、職場の人たちがお祝いの言葉をかけてくれて、「ああ、指名されたんだな」と。そこで喜びを噛《か》みしめることができました。トヨタ自動車の豊田章男代表取締役社長には、都市対抗などのときに野球部の応援に来ていただいたりしていたのですが、プロに入ってからは個人的にお手紙をくださいました。2年間でしたが、本当に良い会社にお世話になることができました。

高校、大学、社会人を経てからのプロ入りとなりましたが、回り道はなかった。すべてが今につながっていて、必要な時間でした。

COLUMN

私が見た「源田壮亮」の素顔

TOMOYA MORI

森友哉 捕手

「女子力が高すぎ。もう少し男らしさを見せても（笑）」

ゲンさんはすごく優しい人で、年上ですけど、こちらに全然、気をつかわせることがありません。それはゲンさんと話をするようになってから、ずっと変わらないです。

ゲンさんが入団された2017年の春季キャンプ、自分はケガの影響で、南郷《なんごう》（宮崎県）でのA班ではなく、高知のB班からスタートしていました。その後、A班に合流したため、少ししか話せず、さらに3月5日のWBC強化試合で自分が骨折してしまい、チームを離脱。ですから、しっかり話をするようになったのは、シーズンが始まり、一軍に戻った8月から。ロッカールームの席が近いこともあり、少しずつ会話し出して、自然と打ち解けていきました。人柄の良さを感じますし、演じていい人を作っているわけではなくて、本当に素《す》でいい人やなって思います。裏表もない。優しさは、どこがというより、雰囲気もそうですし、全部です。先輩からはかわいがられて、後輩からは慕《した》われる。そんな人やなって思います。自分にとってゲンさんは、癒《いや》しとも言える存在です。

インスタで同じポーズをしたお互いの写真をアップし合ったり、じゃれているという感覚はないんですけど、試合前とかリラックスしているときにふざけ合ったり。それはゲンさんだけ特別ということじゃなく、ライオンズはみんな仲が良くてそんな感じなんです。ただ、ネットに写真が出回りもしましたけど、ゲンさんには自分が頬《ほほ》にキスをしてしまったこともありましたね。しゃべっているうちにそういうことになったんですが、なんでしたんやろ（笑）。自分でもわからないんですけど、ゲンさんは、そうさせるような雰囲気を醸《かも》し出しているんです。たまに女子っぽいところもありますしね。火山灰パックとかをやっていたりして、女子力が高すぎる部分がある。もうちょっと男らしさを見せてもいいんじゃないですかね（笑）。

プライベートでも、たまにごはんを食べに行ったりします。お酒は入るときもあれば、入らないときもありますね。ゲンさんは飲んでもそんなに変わらんですね。というか、酔っぱらうというところまで飲んでいるのを見たことはないです。自分もそこまで飲まんですし、落ち着いて野球の話をしていることが多いです。そこでゲンさんの野球観に触れて、「ああ、そうなんや」と思うこともあります。試合中のゲンさんは余裕があるというか、すごくまわりが見えていて、自分のことだけじゃなく、チームのこともそうですし、試合中の雰囲気とか、そういうこともすごく大事にする人です。やっぱりゲンさんがチームにいてるのと、いてないのとでは、チームの空気感も違うのかなと思います。決して声で引っ張るというタイプではないんですけど、プレーでしっかり引っ張ってくれますし、本当にチームの中心というか、チームの顔です。

18年にリーグ優勝できたのも、ゲンさんがおったからというのをすごく実感しています。この年もシーズンを通してずっとショートでフル出場して、記録には残らないんですけど、ファインプレーですごく助けてもらっている。しかも、それを淡々とこなしてくれる。見ていて頼もしいですし、すごいなと感じます。

18年は、一緒にオールスターのMVPを獲得することもできました。僕が第1戦でもらって、第2戦でゲンさん。そのとき、「森の体をいっぱいさわったんで、運気が来たのかなと思います」と話していたみたいですが、活躍してもらうために、僕が打ったあとはこれからもさわってもらわんとアカンですかね（笑）。

ただ、そのオールスターで言うと、ライオンズには代々やっている伝統として、MVPを獲《と》った選手は、出場しているチームメイトみんなで食事に行って、その支払いをするというものがあるんです。当然、初日は僕が奢《おご》らせてもらって、翌日はゲンさんのはずだったのですが、みんなで行く場が作れなかったんです。ゲンさん、どこかで奢ってもらわないと（笑）。

ゲンさんとは18年の日米野球で「侍ジャパン」のユニフォームも一緒に着ましたし、これからもともに選ばれることに越したことはないですが、まずはチームのことだと思っています。それはゲンさんも同じように考えているはずです。日本一に向かってどう戦うのか。それは2人で考えていかないといけないと思っています。

大豊建
飯能信用金庫
周年！テレ玉
CSP
We Find the Way
inglewood
株式会社イングリウッド
ALWAYS LIONS.
N AIRLINE
ISON C
Majestic
Lions
ARE
ONE
SAISON CA

第6章 突き進む

噛《か》む

「バッティングを教わったことある？（笑）」

声の主は栗山巧《たくみ》さんでした。2017年のプロで初めてとなる春季キャンプ。バッティングピッチャーが投げる球なのに打球が前に飛ばず、周囲から心配されました。栗山さんはもう忘れていると思いますが、僕はそのときのことがすごく印象に残っています。「いちおう、あります」と答えるのが精一杯で、当時はまだなんの面白い返しもできませんでした。まわりを見渡せば、テレビの中で野球をしている人たちばかり。緊張しましたね。キャンプから帰った次の日には体調を崩《くず》し、胃潰瘍《いかいよう》と診断されました。やはり気が張っていて、それが一度解放され、ホッとしてのことだったんでしょう。

それでもオープン戦では自分でもびっくりだったのですが、自信がなかったバッティングで打率3割を残せました。キャンプから辻発彦《つじはつひこ》監督、コーチの方々から「しっかり振るように」と常々アドバイスがあり、また、シーズンに入ってからも当てにいくバッティングをするたびに指摘してもらい、強く振れるようになりました。技術的にも重心を落として構えるようにしたことで、下半身を使えるようになった。そうした変化によって打球を引っ張れるようになったのは大きかったです。

3月31日の北海道日本ハムとの札幌ドームでの開幕戦は、9番ショートでスタメン出場。めちゃくちゃ緊張しました。本当に試合がすぐに終わったと感じましたし、体が自分のものではないという感覚でプレーしていました。

プロ初打席は鮮明に覚えています。2回表二死二塁。なにかを考える余裕もなく、打席では足が震えていました。ピッチャーは同学年の有原航平《ありはらこうへい》で、結果はサードへのファウルフライ。当然、ヒットが打ちたかったですが、プロはそんなに甘くないなと思いましたね。でも、守備では自分でも良いプレーだったと思えるものもありました。4回裏、先頭バッターである中田翔《しょう》さんの三遊間のゴロを飛び込んで捕って、すぐにファーストに送球してアウトにできた。体の感覚に違和感を覚えながらも、あのプレーができたのはうれしかったですし、少し落ち着けた部分もありました。

翌日の同じく日本ハム戦では、プロ初ヒット。第3打席に谷元圭介《たにもとけいすけ》さん（現中日）からレフト前へ。「真《ま》っ直《す》ぐ、来てくれ」と思っている中で、外角に真っ直ぐが来ました。打球が良いところに飛びましたね。うれしかったな〜。タイムがかかったあと、一塁ベース上で記念のボールをライオンズベンチに向かって投げてもらえたのに気づきました。「ああっ！　このあと、渡してもらえるんだ」と。そのボールは実家に飾られています。

初めてのお立ち台は、ちょっと噛《か》みました。5月14日、京セラドームでのオリックス・バファローズ戦。母の日で、ピンクのリストバンドをつけてプレーした試合でしたね。猛打賞と2打点でお立ち台に上げてもらったのですが、「クリーンナップ」を「クリーンニャップ」と言ってしまって。めっちゃ恥ずかしかったです（笑）。

ライオンズに入ったときは、守備と足を生かしてチームに貢献できればと考えていました。それは今も変わりませんが、打つほうでも最初からある程度の数字を残せた。それは、僕にとっては初対戦だらけの相手ピッチャーの特徴を秋山さんなどに教えていただいていたからこそです。そうした助けがなければ、もっと苦労していたはずです。

初ホームランもうれしかったですね。ニヤニヤしちゃいましたもんね、ベースを回りながら。6月8日の巨人との交流戦。7対0と大きくリードしていたのですが、二塁にランナーがいたので引っ張ろうと考えていたところに内寄りのストレートが来た。狙《ねら》ってもいないですし、打てるとも思っていませんでしたが、しっかりとらえることができて、入っちゃいました。

進化

一方で守備は不甲斐《ふがい》ないミスが多かった。しかも、僕はメンタルが弱くて、いや、弱かったので、すごく引きずっていました。その後のプレーにも悪影響が出ていたし、試合後も落ち込んでしまっていた。でも、チームのみんなが、「おまえがミスするなら、誰もなにも言わないよ」と声をかけてくれた。内野守備担当の馬場敏史《としふみ》コーチ（現作戦兼守備・走塁コーチ）もすごく気にかけてくれて、ミスをしたときはいつも「切り替えろ」と話してくれたり、笑いながら茶化してくれたりして、だいぶラクになれました。おかげで徐々に切り替えができるようになっていったんです。もっとこうしたら良かったと反省はしますが、次の日にも試合がありますから、今はミスをしても引きずらないようになりましたね。

オールスターにも出られるなんて想像もしていませんでした。最初、若手主体のフレッシュオールスターのほうへの出場が決まったときは、なぜか珍しく燃えていたんです。大活躍して賞金をもらうぞ！って。ところが、茂木栄五郎《もぎえいごろう》（東北楽天）がオールスター出場を辞退して、そちらへ代わりに出ることに。聞いたときは「マジかよ？　いややな～」と思いました。絶対に「源田って誰？」となると思ったし、賞をもらうという意気込みなんて吹っ飛びました。それでも、勉強だと思って行ったのですが、本当のスター選手たちを前に気おくれして、ちょっとしか話せませんでした。元は人見知りですからね。

プロの中では食は細いほうなので、夏場は苦労しました。食欲は落ちましたし、普段の量を食べても、自然と体重が減ってしまう。この年は2、3キロ落ちましたね。無理にでも食べないとキープもできないので、2杯目は卵かけごはんにして頑張って食べて、なんとか乗りきりました。プロで1年間戦う大変さを、身を持って知りましたね。シーズン終盤になって、1年目でショートとしてフル出場したら史上初ということを報道で知りましたが、「ああ、そうなんだ」と思っただけでした。もちろん、達成できたことは誇らしいですが、そのほかも含めて記録に関してはあとからついてくるものという感じで、意識することはありません。新人王にも選んでいただきましたが、僕はもちろん、プロに入るまでに関わってくれた方たちの中でも、誰も想像できなかったことでしょうね。

若手主体とはいえ、「アジア プロ野球チャンピオンシップ2017」で侍ジャパンにも選出していただきました。全3試合のうち2試合はスタメンで使ってもらったものの、6タコ。なにもできなかった代表戦でしたが、ほかの選手から学ぶこともありました。例えば、近藤健介（北海道日本ハム）の試合までの準備はすごいと感じました。毎日、ルーティンとして同じことをしていて、自分はこれをやっておけばいいというのを持っていた。僕にはそういうものがなかった。結果を出している選手は、やっぱり違うな、と。毎日同じことをやっていたほうが、その日、その日で、自分の状態の違いに気づきやすい。僕も試合前のティーバッティングは何種類かを決まった順にやるようになりました。プロ1年目で全試合に出られたのはすごく満足ですし、達成感もありました。打率2割7分0厘、37盗塁も、自分の中ですごくよくできたなと思います。ただ、守備はもう酷《ひど》かった。失策はショートで最多、野手でも2番目に多い21個ですからね。翌シーズンの目標は失策1ケタに定めました。

18年シーズンは開幕前から「2年目のジンクス」という言葉をよく目にしたり、耳に入ったりしてきましたが、普通にやってダメだったら、「2年目のジンクスでした」と言って、そのせいにしてやろうくらいにしか考えていませんでした。プラスにならないことを変に意識しても仕方がないですからね。

この年は、前年にフルイニング出場させてもらえたことがすごく生きたと思います。途中、右手の指をケガしたときもありましたが、野球ができないほどではなかった。テーピングを巻いていたのでボールが投げづらくはありましたが、だいたいこのへんに投げておけば、あとは山川（穂高）さんがカバーしてくれるやろって（笑）。

長嶋茂雄さん（現巨人終身名誉監督）が持っていた入団1年目の開幕戦からの連

続フルイニング出場の記録220を更新できたのは、そうやってフォローしてもらったり、辻監督には「ここは絶対に代打やろう」というところでもそのまま使っていただいたり、体をケアしていただいているトレーナーさんの存在などがあったからこそなんです。7月11日の試合で221の新記録を達成できたのですが、その少し前から、みんなにはロッカーなどで、「ミスター」「ミスター」などと言われていました（笑）。それも含めてうれしかったですね。先ほどもお話ししたように記録を意識することはないので、19年の4月14日の試合で前日のデッドボールの影響でスタメンから外れ、299試合で記録が止まったときも、「全力プレーが厳しい体で試合に出てもチームにマイナスになるだけ」と思うようにしました。ただ、試合には全部、出たいですし、始まったらゲームセットまで任せてもらいたい。そのためには、それ相応の結果やプレーを見せないといけない。こだわっているのは、そこですね。

2年目もオールスターに選んでいただき、熊本での第2戦ではMVPも獲《と》れました。家族だけでなく、父の実家が熊本なので、親戚《しんせき》一同も来てくれた中でのことで、二重の喜びでした。もう二度とないでしょうね（笑）。

そして、リーグ優勝！　18年9月30日の札幌ドームでの北海道日本ハム戦。マジック1で、引き分けでも優勝という状況でしたが、試合はビハインドで進んでいました。そんな中、守備についているとき、ライト後方のスクリーンにマジック対象チームである福岡ソフトバンクが負けたとの情報が出た。それをサードの中村剛也《たけや》さんが教えてくれて、自分でも確認。「おおおっ～！　優勝、決まったよ～」と、つい顔がほころびました。トヨタで日本一を経験していましたが、プロで長いシーズンを戦ってきての優勝。喜びは大きかったです。ビールかけも楽しかったな～。苦手な寒さも忘れて、大はしゃぎしましたね。

優勝旅行も満喫《まんきつ》しました。ハワイのホテル「プリンス・ワイキキ」に着いて10分後くらいには、もう豪華プールに入っていました。12月でも暖かい。集合しての説明会まで1時間くらいあったので、何人かで「プールに行こう！」となって、素早く水着に着替えてプールに飛び込みました。滞在中は買い物に行ったり、ゴルフに行ったり、海にも足を伸ばしました。夜はおいしい食べ物を堪能《たんのう》。今度は日本一になって行きたいですね。きっと、もっと楽しめるんだと思います。

クライマックスシリーズ（CS）敗退の悔しさは消せるものではないですからね。本当に悔しかったですし、試合後の最終戦セレモニーで辻監督が涙を流しながらファンに挨拶《あいさつ》された姿は、見ていてウルッときました。この気持ちは絶対に19年につなげないといけない。

個人的にも、シーズン前の目標だった失策1ケタを達成できませんでした。実は、優勝が決まる試合までは8個でした。しかし、10月1日、3日、4日と立て続けにエラーしてしまい、結局11個。気を抜いているわけではなかったのですが、どこか違う部分があったのかな。もったいなかったですし、19年はクリアしなければいけないと思っています。

普通

そして、将来的に目指すのは、「こいつに任せておけば大丈夫」「あいつのところに打たせておけばいい」「源田ならなんとかしてくれる」と、まわりから思ってもらえる選手です。

守備では、ピッチャーが打ち取った打球は確実にアウトにする。ヒットかなと思うようなちょっと難しい打球も、普通にさばきたい。ピッチャーが「ヒット性だったけど、ショートがファインプレーで捕ってくれた」と考えるよりも、「ヒットかと思ったけど、ショートゴロだったんだ」と、自分で打ち取ったととらえられるほうが気持ち的にいいと思うんです。だから、ポジショニングも含めて、必死ですけど普通にやっているように見せたい。それが僕の守備観です。みなさんにも、今後とも「普通」の守備を見せていきたいです。

20年に迫った東京オリンピックも出られるのなら出たいですね。19年11月には予選も兼ねた「WBSCプレミア12」の第2回大会も控えている。そのときの侍ジャパンの一員に選ばれれば、本番に向けた大切な戦いを経験できる。やっぱり、日の丸は特別です。そこで普通にやるのも簡単なことではありません。しかも、これまで僕が参加した17年の「アジアプロ野球チャンピオンシップ」と18年の「日米野球」とは違い、世界の強豪国が世界一の称号を争う。プレッシャーの大きさも相当なものでしょうね。でも、それだけに価値があるし、自らの成長にもつながるのかなと思います。日米野球では内野安打が多かったのですが、メジャーリーガーを相手に14打数6安打の打率4割2分9厘。なぜか、良かったですね。小学校の卒業文集に書いた夢のメジャーリーグへの道が……全然、見えていないです。絶対、無理です。メジャーは見るだけで十分。日本語が好きです(笑)。

オリンピックで侍ジャパンのユニフォームを着るためには、19年シーズンでちゃんと結果を残す必要があると思います。ただし、それがチームの勝利よりも優先されることはありません。まずはチームでの役割を果たせるように、1試合1試合、一生懸命プレーします。ペナントレースでリーグ連覇し、3度目の正直でCSを勝ち抜き、日本シリーズで頂点に立つ。その結果、侍ジャパンにも呼んでいただけるようなら全力で頑張りたいです。

今はとにかく日本一になることしか考えていません。きっと、気持ち良いでしょうね。本当にたくさんのファンの方に応援していただいて、すごく力になっていますし、感謝もしています。だからこそ、最高の瞬間を一緒に味わいたいです。

あとがき

「一日一生《いちにちいっしょう》」

プロ入りする際に、「好きな言葉」や「座右《ざゆう》の銘《めい》」を聞かれることが多く、なにがいいかと調べたり、考えたときに最も共感したのが、この言葉です。今日一日を一生だと思って、覚悟を持って生きる。自分のやるべきこと、できることを精一杯やる。一生は一日一日がつらなっていくわけで、一日を大切にすごすことこそ、一生を大切に生きることにつながる。そのような意味だと、理解しています。

僕は幼少期から足の速さには自信があったものの、高校3年生になるまでは身長が低く、体の線も細かったため、プロ野球のスカウトから注目されるようなことはありませんでした。それでも野球が好きで、楽しくて、やめたいと考えることがなかっただけでなく、常に「もっとうまくなりたい」「もうちょっといいプレーができるはず」との思いで、毎日、一生懸命練習してきました。その率直な気持ちがブレずにいられたのは、お世話になった指導者の方々が、「ああしろ」「こうしろ」と押しつけるタイプではなかったことが大きかった。きちんと話をしてくれたり、こちらの思っていることに耳を傾けてくれる指導者でなければ、きっと続かなかった。

何度も書いてきたように本当に出会いに恵まれてきたのですが、正直、その理由はわかりません。でも、強《し》いて挙げるのならば、練習する姿などを見てくれて「頑張っているから助けてやろうか」と思ってもらい、大切な出会いをのがさずにこられたからなのかもしれません。

みなさんをはじめ、野球少年や目標に向かって努力されている方などに送れるメッセージがあるとしたら、そのことに尽きます。人との出会いを大切にし、出会いを引き寄せられるような一日のすごし方をする。僕もそれを今一度、肝《きも》に銘じ、これから出会う人たちも大事にして、まだまだ成長していきたいです。

最後に、刊行にあたってご協力いただいた秋山さん、ネコさん、山川さん、トノ、友哉、そして、球団や廣済堂出版の関係者の方々ほか、みなさまに御礼を申し上げます。

２０１９年６月　源田壮亮

打点	盗塁	盗塁刺	犠打	犠飛	四球	死球	三振	併殺打	打率	出塁率	長打率
57	37	10	26	4	36	6	100	5	.270	.317	.351
57	34	8	14	6	48	4	101	7	.278	.333	.374
114	71	18	40	10	84	10	201	12	.274	.325	.363

〈表彰〉

・新人王（2017年）
・ベストナイン：１回（遊撃手部門／2018年）
・ゴールデングラブ賞：１回（遊撃手部門／2018年）
・スピードアップ賞：１回（打者部門／2017年）
・オールスターゲームMVP：１回（2018年第２戦）

〈主な個人記録〉

・初出場・初先発出場　2017年３月31日、対北海道日本ハム１回戦（札幌ドーム）、９番ショートで先発出場
・初打点　同上、６回表に有原航平《ありはらこうへい》からセンター犠牲フライ
・初安打　2017年４月１日、対北海道日本ハム２回戦（札幌ドーム）、６回表に谷元圭介《たにもとけいすけ》からレフト前ヒット
・初盗塁　2017年４月７日、対福岡ソフトバンク１回戦（メットライフドーム）、４回裏に二盗（投手・和田毅《つよし》、捕手・高谷《たかや》裕亮《ひろあき》）
・初本塁打　2017年６月８日、対巨人３回戦（メットライフドーム）、４回裏に江柄子《えがらし》裕樹《ゆうき》からライト越え２ラン
・オールスターゲーム出場　２回（2017、18年）
・新人でシーズン150安打以上（2017年）※日本プロ野球史上３人目
・新人でフルイニング出場（2017年）※日本プロ野球史上４人目
・遊撃手シーズン補殺　526（2018年）※日本プロ野球記録

Results 年度別成績ほか

◉源田壮亮 年度別打撃成績（一軍） ※太字はリーグ最高

年度	チーム	試合	打席	打数	得点	安打	二塁打	三塁打	本塁打	塁打
2017	埼玉西武	**143**	647	**575**	85	155	18	**10**	3	202
2018	埼玉西武	**143**	666	594	92	165	27	9	4	222
通算		286	1313	1169	177	320	45	19	7	424

◉年度別守備成績（一軍） ※太字はリーグ最高。☆は日本プロ野球遊撃手最高記録

遊撃

年度	試合	刺殺	補殺	失策	併殺	守備率
2017	**143**	**228**	**481**	**21**	**89**	.971
2018	**143**	**271**	**526**☆	11	**112**	.986
通算	286	499	1007	32	201	.979

#6
SOSUKE GENDA

SOSUKE GENDA

源田壮亮
メッセージBOOK
—出会い力—
SOSUKE GENDA MESSAGE BOOK

2019年7月10日　第1版第1刷

著者……………………源田壮亮

協力……………………株式会社西武ライオンズ
企画・プロデュース………寺崎江月(株式会社 no.1)
構成……………………鷲崎文彦
撮影……………………石川耕三
ブックデザイン……………坂野公一＋節丸朝子 (welle design)
DTP……………………株式会社 三協美術
編集協力　　　　　　　長岡伸治(株式会社プリンシパル)
　　　　　　　　　　　根本明　松本恵
編集……………………岩崎隆宏(廣済堂出版)

発行者…………………後藤高志
発行所…………………株式会社 廣済堂出版
〒101-0052 東京都千代田区神田小川町2-3-13 M&Cビル7F
電話　編集 03-6703-0964／販売 03-6703-0962
FAX　販売 03-6703-0963
振替　00180-0-164137
URL　http://www.kosaido-pub.co.jp
印刷所・製本所……………株式会社 廣済堂

ISBN978-4-331-52239-4 C0075

メッセージBOOKシリーズ

松田宣浩
メッセージBOOK
―マッチアップ―

田宣浩著
想・苦難と向き合い、
ッチアップした軌跡。

陽岱鋼
メッセージBOOK
―陽思考―

陽岱鋼著
「陽流プラス思考」の
すべてを公開。

西川遥輝
メッセージBOOK
―ONE OF A KIND―
唯一無二の存在

西川遥輝著
誰とも似ていない
「自分」を目指して。

中島卓也
メッセージBOOK
―思いは届く―

中島卓也著
頑張れば人は見ていて
チャンスが広がる!

プロフェッショナルバイブルシリーズ

コントロールする力
心と技の精度
アップバイブル

内俊哉著
神力とスキルを
める新思考法。

異次元へ
型破りの守備・攻撃&
メンタル追求バイブル

菊池涼介著
規格外プレーの技術解説に、
チーム論、メンタル術!

伊藤光
メッセージBOOK
―クールに熱く―

伊藤光著
冷静な頭脳で、
勝負に燃える!

森福允彦
メッセージBOOK
―気持ちで勝つ!―

森福允彦著
ピンチに打ち勝つ
強さの秘密。

マスターズメソッドシリーズ

野球センスの極意
走攻守・バッテリー能力&
マルチなセンスの磨き方

立浪和義著
木誠也・金子千尋・
星憲広との対談つき。

打撃力アップの極意
技術・メンタルの高め方&
打撃開眼・投手攻略の秘策

立浪和義著
坂本勇人との対談つき。
打撃や観戦法が深まる。

頭脳の盗塁術
走りのプロの技術・戦略&
バッテリーとの心理戦対策

赤星憲広著
西川遥輝との対談つき。
走者目線の野球が面白い!

ただジャイアンツのために
非エリートからの栄光&
チーム論・8回の抑え方

山口鉄也著
恩にこたえ続けた
全軌跡と投球術。

廣済堂新書

待つ心、瞬間の力
阪神の「代打の神様」
だけが知る勝負の境目

松山進次郎著
重要場面で能力を
発揮するには?

攻撃的守備の極意
ポジション別の鉄則&
打撃にも生きるヒント

立浪和義著
宮本慎也との対談つき。
プレー・見方が変わる!

長打力を高める極意
強く飛ばすプロの技術&
投手・球種別の攻略法

立浪和義著
高橋由伸との対談つき。
観戦・実践に役立つ!

二遊間の極意
コンビプレー・併殺の技&
他選手・攻撃との関係性

立浪和義著
菊池涼介・今宮健太・
井端弘和との対談つき。

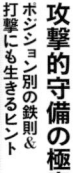

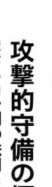